Dr. phil. Jutta Meise

Einäugig

Eine ungewöhnliche Spurensuche

3. Auflage (überarbeitet), September 2023

Umschlag: BoD – Books on Demand
Lektorat: Gesina Stärz, Holzkirchen
Herstellung: BoD – Books on Demand, Norderstedt

ISBN: 978-3-00-076253-6

Für Norbert

Die große Liebe meines Lebens

Inhaltsverzeichnis

Prolog

Schon lange hatte Heidrun Geduld bewiesen. In jener anderen Welt, in der sie seit einer halben Ewigkeit lebte.

Viele von denen, die ihr Schicksal teilten, waren nicht geduldig gewesen. Sie wollten sich auf der Stelle bei ihren Angehörigen und Freunden bemerkbar machen – so verzweifelt waren sie, weil sich ihr Dasein von Grund auf geändert hatte. Verzweiflung war Heidrun gänzlich unbekannt, dieses Gefühl hatte sie glücklicherweise nie kennengelernt. Doch nun merkte sie, dass es an der Zeit war, von sich hören zu lassen. Mit den besonderen Fähigkeiten, die man in der anderen Welt entwickelte, sollte das kein Problem sein.

Heidrun hatte sich bereits einen Plan zurechtgelegt, wie sie den Kontakt zu ihrer Schwester unten auf der Erde anstoßen wollte. Hanna sollte denken, dass sie selbst es war, von der dieses Suchen-Wollen ausging. Aber in Wahrheit wäre es Heidrun, die den Anfang machen würde.

Hannas Schwester war gespannt.
Gleich am nächsten Tag wollte sie ihren Plan in die Tat umsetzen.

ERSTER TEIL Hanna

Wer sucht, findet.
Falls er am richtigen Ort gesucht hat.

Walter Ludin[1]

[1] Der Abdruck des Zitats erfolgt mit freundlicher Genehmigung von Herrn Ludin, Luzern/ Schweiz.

Erstes Kapitel

Skeptisch blickte Hanna zum Speicher hoch - und dann an sich selbst herunter, an ihrer Strickjacke aus empfindlicher Wolle. Sie liebte Cardigans, aber einen Moment lang überlegte sie, ob nicht heute ein alter Pulli angebrachter wäre, den sie nachher in die Waschmaschine stopfen könnte. *Immer fein ist nimmer fein*, diese mahnenden Worte ihrer Mutter hatte sie noch im Ohr. Die Optik stand für sie stets an erster Stelle. Zwar würde es auf dem Dachboden staubig sein, doch das Umziehen dauerte ihr zu lange. Louisa, die neunjährige Enkelin, hüpfte bereits ungeduldig von einem Bein aufs andere und wartete, während sich ihr älterer Bruder Fabio mit dem Handy aufs Sofa verzogen hatte. Familienbesuche waren nicht mehr sein Ding, aber er wusste, dass sich seine Großeltern freuten und kam deshalb ebenfalls mit. Hanna und ihr Mann Robert genossen diese Nachmittage. Wenn die beiden nur öfter da wären!

Selbst Kinder brauchten heutzutage einen Terminkalender. Und ihre berufstätigen Eltern erst recht. Emma stammte aus einer früheren Ehe, an die Hanna nur ungern zurückdenken mochte. Viel zu jung war sie damals gewesen und nur hungrig nach Geborgenheit. Im Ehepartner einen Ersatz für die verstorbene Mutter finden zu wollen, das war von vornherein zum Scheitern verurteilt gewesen. Unterm Strich hatte ihr diese Ehe aber unglaublich viel gebracht - eine wunderbare Tochter. Dass Emma, die den zweiten Vornamen ihrer toten Großmutter erhalten hatte, nun an einem Krankenhaus Karriere machte, freute Hanna über alle Maßen. Leider war ihre gemeinsame Zeit dadurch noch mehr zu einem kostbaren Gut geworden.

Vorsichtig nahm sie die Falltreppe in Angriff. Bloß nicht ausrutschen auf den Stufen und sich was brechen, das würde ihr gerade noch fehlen! Schließlich war sie nicht mehr die Allerjüngste. Auf dem Speicher verschlug es ihr erstmal den Atem. Dieses Halbdunkel aus warmer, abgestandener Luft war gewöhnungsbedürftig. Und überall auf den groben Holzdielen stapelten sich Kisten. Große und kleine - als wenn ein Riese begeistert mit Bauklötzchen gespielt hätte. In diesem Tohuwabohu sollte sie fündig werden? Wo nur wenige flirrende Herbstsonnenstrahlen es durchs trübe Dachfenster schafften? Wo wild tanzende Staubflocken ihr die Sicht versperrten? Ausgerechnet hier oben?

Drüben, in der Ecke, lehnte ein großflächiger Gegenstand am Gebälk. Abgedeckt mit einem alten Tuch. Ein großes Bild? Eigentlich war Hanna ja auf der Suche nach etwas anderem. Aber ihre Neugierde siegte und sie zog den Stoff zur Seite. Zum Vorschein kam ein imposantes Ölgemälde, das sie sogleich wiedererkannte. Es hatte über dem Ehebett ihrer Großeltern gehangen. Immer wenn sie dort übernachten durfte, war ihr Blick zu der biblischen Landschaft hochgewandert. Zu dem guten Hirten, wie er auf einem Stein saß und sein verloren geglaubtes Schaf liebkoste. Solche innigen Wiedersehensszenen hatten sie immer schon berührt, auch wenn sie nicht wusste warum. Nach Auflösung der großelterlichen Wohnung war das Gemälde in ihren Besitz übergegangen. Ein Andenken an ihre Kindheit.

Als sie vorhin das Tuch achtlos zur Seite geschoben hatte, waren ihr die rostigen Gardinenröllchen, die sich daran befanden, gar nicht weiter aufgefallen. Doch dann: dieses Stoffmuster. Irgendwo hatte sie es schon mal gesehen. Aber wo? Auf einem Foto? Ein Bild nach dem anderen tauchte in Hanna auf, ohne dass sie eins davon fassen konnte. Bis ihr Kopfalbum plötzlich eine Aufnahme freigab, die einen Säugling in einer Plastikwanne zeigte. Nun hatte sie das Bild ganz deutlich vor Augen. »Hanna beim Baden« hatte ihr Papa daruntergeschrieben. Und sie sah, dass die Vorhänge am Küchenfenster zugezogen waren. Jetzt erkannte sie das Muster wieder, obwohl das Bild, wie zu der Zeit üblich, nur in Schwarzweiß war. Ob die geschlossenen Gardinen sie vor gefährlicher

Zugluft schützen sollten? Wahrscheinlich wollten ihre Eltern keinerlei Risiko eingehen. Gerade erst hatten sie die andere Tochter verloren.

»Hast du das schöne Spiel mit der Katze gefunden?«

Von unten ertönte Louisas kraftvolles Stimmchen. Ganz gegen ihre Gewohnheit verzichtete Hanna auf eine Antwort, weil sie sich immer noch im Sog dieser Erinnerungsbilder befand. Ach ja, das Katzen-Spiel! Warum ihre Enkelin gerade heute darauf gekommen war? Sie nahm sich vor, die Neunjährige nachher mal zu fragen. Das Alter, in dem man sich für solche Würfel-und-Lege-Spiele begeisterte, hatte Louisa eigentlich hinter sich gelassen. Weshalb das Spiel *Die Katze im Sack* mit dem anderen Kleinkinderkram auf dem Speicher gelandet war, obwohl sich Oma und Enkelin köstlich damit amüsiert hatten.

»Oma, du musst eine Karte ziehen! Guck mal, meine Miezekatze ist fertig! Aber deine Karte passt nicht, die muss in *dem* Sack!« Hanna erinnerte sich, dass sie Louisas Fehler bewusst überhört hatte, weil sie es hasste, außerhalb der Schule die Lehrerin herauszukehren. In diesem Moment holte ihre Tochter sie in die Gegenwart zurück. Sie habe den Tee aufgegossen, rief sie zum Speicher hoch. Jetzt musst du voran machen, sagte Hanna zu sich selbst und ihr fiel ein Weihnachtsgedicht ein - *»Knecht Ruprecht«, rief es, »alter Gesell, hebe die Beine und spute dich schnell.«* Bald würden die ersten Spekulatius im Regal liegen.

Wo waren nur die ausrangierten Gesellschaftsspiele alle hin? Hanna warf einen letzten ratlosen Blick in die Runde. So viel Gerümpel. So viele staubige Kisten. Da! Stand da nicht ein einsamer Karton unter der Dachluke? Ob es derjenige war? Mit spitzen Fingern hob sie den angeschmuddelten Deckel an und ermahnte sich sogleich, ihre Hände nicht an der Strickjacke abzuwischen. Und tatsächlich fand sie etwas. Aber mit diesem Fund hätte sie nie in ihrem Leben gerechnet. *Damit* nicht.

Zweites Kapitel

Ihre Lieben waren nach Hause gefahren.

Endlich, dachte Hanna, doch sie konnte ihr schlechtes Gewissen nicht abschütteln. Weil sie ihre plötzliche Kopfschmerzattacke nur vorgetäuscht und dem Mief unterm Dach die Schuld gegeben hatte. Unter diesen Umständen sei es besser, wenn sie mit den Kindern früher als geplant den Heimweg antreten würde, hatte Emma verständnisvoll gemeint, nur Tee und Kuchen sollte es noch geben. Und nun rang Hanna mit sich selbst – hätte sie ihre Ungeduld nicht zügeln können? Lügen haben bekanntlich kurze Beine, oder? Schließlich wäre ihr der Fund, der schon so viele Jahre da oben lag, nicht weggelaufen.

Eile mit Weile, hätte ihre Oma Martha gesagt. An sie, die ihre letzten Lebensjahre im Altenheim verbracht hatte, musste sie mit einem Mal denken. Besuche, auch von Hanna, hatte die alte Dame äußerst selten bekommen. Weshalb sie solche raren Glücksmomente mit niemandem teilen wollte. Schon gar nicht mit den anderen, meist dementen Heimbewohnern, die sie mit kiebigen Worten verscheuchte. »Gehnse wech, das is mein Besuch!« Obwohl so ein Ton gar nicht zum friedliebenden Naturell ihrer Oma passte. Und nun hatte sie, die Enkelin, ihre Tochter und ihre Enkelkinder unter einem Vorwand nach Hause geschickt, um sich in aller Ruhe den Dachbodenfund vorzunehmen.

Aber so ganz aus der Luft gegriffen, so ganz simuliert, war Hannas Unwohlsein nicht, das merkte sie jetzt, als sie sich dem Leitz-Ordner widmete, der zuoberst in dem alten Karton lag. Eine gefühlte Hundertstelsekunde lang hatte sie ihn bereits vorhin in Augenschein genommen und dann sofort zugeschlagen. Als wenn sie sich daran verbrannt hätte. Denn in dem Aktenordner war sie auf ihre tot geschwiegene Schwester gestoßen. Auf ihre Zwillingsschwester.

Erst jetzt, mit ein wenig zeitlichem Abstand, wollte sie sich den Ordner genauer vornehmen. Sie öffnete den Klemmbügel, nahm alle Dokumente heraus und breitete eins neben dem anderen vor sich auf dem Esstisch aus. Ein wahres Sammelsurium von brüchig gewordenen, bräunlich verfärbten Papierbögen. Typisch Papa, dachte sie liebevoll, alles hat er penibel gelocht und abgeheftet. Nach seinem Tod hatte sie die Unterlagen auf den Söller geräumt, wie ihr Vater den Dachboden oft genannt hatte. Nicht nur am Niederrhein verwendete man dieses Wort. Trennen wollte sich Hanna von den alten Sachen nicht.

Und das war auch gut so.

Denn unter den Papieren befanden sich vor Jahrzehnten ausgestellte Rechnungen, wie sie schnell erfasste. Eine stammte von einem Möbelschreiner, der auch Beerdigungen abwickelte, eine andere von der örtlichen Kirchenverwaltung und eine dritte von einem Steinmetz namens Rehbein. Der Betreff war überall gleich.

Bestattung Ihres verstorbenen Kindes Heidrun.

Tonlos lasen Hannas Lippen, welche Leistungen der Schreiner am 13.5.1958 erbracht hatte: *Ein weißer Kindersarg mit Innenausstattung, Einsargen, Überführung und Aufbahrung …* Der spröde Nominalstil war kurz und schmerzhaft, schaudernd ließ sie das vergilbte Blatt zu Boden sinken. Was sie soeben erfahren hatte, reichte ihr. Vorerst jedenfalls. Später würde sie weiterlesen.

Natürlich war sie im Bilde gewesen, ganz grob jedenfalls. Bevor sie in die Schule gekommen war, konnte sie bereits die Zeichen und Zahlen auf Heidruns Grabeinfassung lesen. Dank ihres Opas Gustav. Obwohl er nur als ungelernter Kranführer bei einem Duisburger Stahlgiganten malocht hatte, war es ihm intuitiv gelungen, die frühkindliche Bildung seiner kleinen Enkelin zu fördern. Einmal fragte Hanna, die ewig

Neunmalkluge, ihre Mutter, ob da nicht jemandem ein Fehler unterlaufen sei. Da stünden bei dem Sternchen und dem Kreuz ja genau die gleichen Zahlen! Eine Eins mit einer Null danach und dann eine Fünf und noch eine Fünf mit einer Acht dahinter.

»Deine Schwester ist kurz nach der Geburt gestorben. Noch am selben Tag.« Dieser Antwort, die für Hanna keine richtige war, hatte ihre Mama ein resolutes »Basta!« hinterhergeschickt. Den Ausdruck gebrauchte sie oft, wenn sie keine Diskussionen mehr wünschte. Einzelheiten zu Heidruns Tod hörte Hanna niemals von ihr. Warum eigentlich nicht? Aber um ehrlich zu sein, hatte ihr eigenes Leben sie ganz schön auf Trab gehalten. Weshalb so vieles unter den Tisch gefallen war. Bis zum heutigen Nachmittag.

Zögerlich sagte Hanna den Namen vor sich hin. Wie eine zu lernende Vokabel im Fremdsprachenunterricht, deren Aussprache noch nicht richtig saß: *Heidrun*. Ein Vorname, der sich offensichtlich aus zwei germanisch klingenden Bestandteilen zusammensetzte, deren Bedeutung sie jedoch nicht wusste. Wie beziehungslos sich diese Silben stets für sie angehört hatten! Wie fremd. Meistens hieß es nur *deine Schwester*. Als wenn sie keinen Vornamen gehabt hätte. Als wenn es sich nicht gelohnt hätte, ihr überhaupt einen zu geben. Wie eine menschliche Eintagsfliege war Heidrun gewesen.

Während Hanna immer noch zu verstehen suchte, was sie gerade in den Händen hielt, passierte etwas Eigentümliches. Wie aus heiterem Himmel wurden Babyfotos, die sie von sich selbst kannte, durch erschreckend andere Bilder überlagert. Sie sah ein winziges Kinderköpfchen, das auf einem hellen Kissen ruhte. Die Augen friedlich geschlossen, als schlummere das Kleine selig vor sich hin. Doch die fein modellierten Lippen, die sich leicht zu einer Schnute öffneten, sprachen eine andere Sprache. Sie waren blutleer. Wie die alabasterfarbene Haut, die kaum von Fettpölsterchen unterfüttert war und zarte Knochen durchscheinen ließ. Ganz still und zerbrechlich sah sie Heidrun vor sich. Weiß wie das kunstseidene Steckbettchen in dem weißen Kindersarg. Die Aufbahrung, Überführung und Beerdigung hatte ihr Vater cash bezahlt. *Betrag dankend erhalten.*

In diesem Moment machte es in Hanna laut KLICK.

Und ihr wurde klar, dass Heidrun wirklich gelebt hatte. Dass sie nicht nur irgendein Name auf irgendeiner Marmoreinfassung gewesen war. Auf irgendeinem Grab, auf irgendeinem Friedhof. Du hast tatsächlich eine Schwester gehabt, dämmerte es Hanna mit einem Mal. Eine Zwillingsschwester. Und du bist nicht das Einzelkind, als das du dich zeitlebens empfunden hast.

»Lieber Gott, mach bitte, dass das kein Traum ist!«

Dreimal, wie bei einer magischen Beschwörung, sprach sie Heidruns Namen aus. *Heidrun. Heidrun. Heidrun.* Und merkte, wie in ihr ein unbändiger Wunsch Gestalt annahm. Der Wunsch, mehr über ihre Schwester in Erfahrung zu bringen. Die spärlichen Informationen aus dem Dachbodenfund konnten doch nicht alles sein! Irgendjemand musste etwas über sie wissen.

In Gedanken ging Hanna sämtliche Quellen durch, von denen sie glaubte, dass sie diese anzapfen könnte, und stellte fest, dass es so viele gar nicht gab. Doch was hatte sie von ihrer Oma oft gehört? *Wer suchet, der findet.* Das würde schließlich in der Bibel stehen.

Und Hanna beschloss, ihre Spurensuche nach Heidrun nicht auf die lange Bank zu schieben. Ein Kunstdruck fiel ihr ein, den sie vor geraumer Zeit geschenkt bekommen und der in Emmas Kinderzimmer gehangen hatte. Mit einer üppig blühenden Wiese, in der sich ein

Maulwurf versteckt hielt. *Du wirst meine schönste Wiese, sagte der Maulwurf, gleich morgen fange ich an,* das war am oberen und unteren Bildrand zu lesen. Auch Hanna würde gleich morgen damit anfangen und in der Vergangenheit wühlen. In ihrer beider Vergangenheit.

Als Erstes würde sie dorthin fahren, wo Heidrun begraben lag. Beziehungsweise, wo man sie damals begraben hatte.

Drittes Kapitel

Ein nervöses Kribbeln erfüllte Hanna, wie es sich in ihrer Kindheit am Heiligabend einzustellen pflegte, nachdem ihre Mutter den Schlüssel von der Wohnzimmertür abgezogen und weggelegt hatte. Durch die geriffelte Glasscheibe in der Tür konnte man die Silhouette des Weihnachtsbaumes erahnen und darunter zahlreiche Päckchen, die das Christkind unbemerkt gebracht haben musste. Geschenke für zwei bekam sie, als wenn ihre Eltern und Großeltern die tote Schwester mitbeschenken wollten. Ihr, die lebte, sollte es an nichts fehlen.

Mit zittrigen Fingern tippte Hanna nun die Adresse ins Navi ein: Duisburg, Kaiser-Friedrich-Straße. Aber welche Hausnummer? Hatten Friedhöfe überhaupt eine Hausnummer? Auch die aktuelle fünfstellige Postleitzahl kannte sie nicht auswendig. Da war der frühere Code mit einer Zustellpostamtsnummer dahinter, 4100 Duisburg 11, einfacher zu behalten gewesen.

Doch diese kurzen Postleitzahlen gehörten der Vergangenheit an, als sie noch nicht zur Schule ging. Und als es genug Vormittagsfreizeit gab, um mit Mama die Großeltern zu besuchen und gleichzeitig auch Heidruns Grab, denn beides lag nah beieinander. In dem Blumenladen am Friedhofseingang hatte Mama oft Studentenblumen und Stiefmütterchen gekauft. Hanna wunderte sich nicht nur über die kuriosen Pflanzennamen, sondern auch darüber, dass ihre Mutter nie eine Träne vergoss, wenn sie am Grab mit der Schaufel hantierte und die Blumen einpflanzte. Oder verdächtig schniefte. Denn dort lag die eigene Tochter unter der Erde, Hannas Schwester, die sie aber nie als solche erlebt hatte. Sie fühlte sich als Einzelkind und beneidete glühend alle Nachbarskinder, die zuhause jemanden zum Spielen hatten. Heute waren sie alle tot - die Eltern, die Großeltern und natürlich Heidrun.

Wann hatte sie zuletzt dem evangelischen Friedhof in Duisburg-Marxloh einen Besuch abgestattet? Ein Stadtteil, um den man mittlerweile einen großen Bogen machte. Was da für ein Gesocks herumliefe, hätte ihr Opa Gustav bestimmt gewettert. »Kanaken« hätte er die Neuhinzugezogenen genannt. Als er mit der Oma noch in der gemütlichen Mansardenwohnung wohnte, zwei Häuser hinter dem Friedhofsportal, ließ es sich in dem Viertel gut leben. Mit den Geschäften des täglichen Bedarfs in der Nähe. Und natürlich mit dem Friedhof. Perfekt, um die letzte Ruhestätte der früh verstorbenen Enkelin in Schuss zu halten.

Aber Heidruns Kindergrab existierte nicht mehr, schon vor einem halben Jahrhundert wurde es eingeebnet. Es wäre zu umständlich gewesen, die Grabpflege aufrechtzuhalten, weil Opa und Oma jetzt wegziehen würden, in eine altengerechte Wohnung. So bekam es Hanna von ihrer Mutter erklärt. »Basta.« Papa und sie würden ja nicht um die Ecke wohnen, um im Sommer mal eben gießen oder Unkraut jäten zu können. Und außerdem würde sie bald eingeschult, da müsse der vormittägliche Besuch bei den Großeltern sowieso flachfallen.

Wurde Heidruns Grab deshalb so früh aufgegeben? Im Grunde kannte Hanna das von ihren Eltern nicht, denn die Familie stand bei ihnen ganz weit oben. War der Tod der kleinen Tochter zu schmerzhaft gewesen und hatten sie diesen aus ihrem Gedächtnis verbannen wollen? *Glücklich ist, wer vergisst, was doch nicht zu ändern ist.* Die Arie kannte Hanna von ihrer Musik-liebenden Mutter. Ob sie mit diesem Text mehr verband als lediglich Worte?

Ein Navi gibt sich nicht mit Gefühlsduseleien ab. Und so lotste es Hanna und ihren Mann technisch störungsfrei zum Friedhof. Was für ein Glück, dass sie Robert an ihrer ersten Schule kennengelernt hatte! Im Lehrerzimmer stand er für gewöhnlich an ein Sideboard gelehnt, hinter sich Kamps' magnetischen Stundenplan. Dieses bunte Riesenpuzzle war sein Revier, dort fühlte sich der Konrektor wohl. Ein stiller Typ, der ungern redete und stattdessen alles sehr genau beobachtete. Weshalb er ihr anfangs nicht sonderlich aufgefallen war. Doch als sie ihn bei einem Schuljubiläum Klavier spielen hörte, war sie sofort hin und weg. Er spielte wie ein junger Gott. Und so sah er auch aus - wie ihr Teenager-Schwarm Karel Gott. Diese Ähnlichkeit würde sie aber erst feststellen, als der Sänger im letzten Juni seinen 80. Geburtstag feierte und das Fernsehen eine ausführliche Dokumentation brachte. Mit dem leichten Überbiss, dem verschmitzten Lächeln und den grauen Bartstoppeln hätten die beiden durchaus Brüder sein können.

Gleich würden Robert und sie am Friedhof angekommen sein. Er, dem das Einparken wesentlich besser gelang als ihr, hatte den Wagen in der Nähe des Haupteingangs abgestellt. Was ihre Augen dann sahen, war vertraut. Denn in der Kaiser-Friedrich-Straße, wo sich ein altes Haus an das andere lehnte, hatten die Großeltern gewohnt. Und hier klaffte in der Häuserzeile eine Lücke, wie in einem schadhaften Gebiss. Durch diese Passage ging es zum Friedhofsgelände, so als wenn man eins der Hinterhäuser in Kreuzberg oder Moabit betreten wollte.

In dem Durchgang befand sich rechts ein Büro, wo früher ein Florist gewesen war, und links ein Kabuff, das genauso aussah, wie Hanna es in Erinnerung hatte - mit gläsernen Wänden. Wie Schneewittchens Sarg, hatte sie als Kind gedacht. Darin stand noch dasselbe alte Stehpult mit jenem Folianten, in dem alle Weltkriegstoten aus der Gemeinde aufgeführt waren. Warum die gefallenen Soldaten nicht wieder aufgestanden wären, wollte sie damals wissen. Das sage man nur so, bekam sie als Antwort. Weil es sich besser anhöre als »tot«. Heute wäre Hanna in der Lage, alle Namen selbst zu lesen, da sie die Sütterlin-Schrift in der Grundschule gelernt hatte. Im Schönschreibunterricht.

Doch der gläserne Raum war zugesperrt und das Büro gegenüber auch. Es war wohl gerade Mittagspause. Niemand da, den man nach den alten Kindergräbern fragen könnte. Ihr blieb also nichts anderes übrig, als ihren Erinnerungen zu vertrauen. »Robert, ich glaube, wir müssen hier lang!« Still war es, nur ein paar Vögel zwitscherten sich etwas zu. Da fing sich ein betörender Geruch in Hannas Nase, den sie aus dem eigenen Garten kannte. Ob sich hier wilde Katzenminze ausgesät hatte? Vielleicht würde sie ja eine herumstreunende Mieze entdecken. Sie liebte Katzen über alles, aber es war keine zu sehen.

Wo war nur Heidruns Grab gewesen?

War es rechts von der Allee, die sich da vorne gabelte? Oder etwa links? An der Kapelle? Oder dahinter? Verzweifelt kramte sie in ihren Gedächtnisschubladen, als sie einen älteren Mann in Arbeitskluft bemerkte, wie er verwelktes Grünzeug von den Gräbern klaubte und in seine Schubkarre warf. Eine günstige Gelegenheit! Kurz entschlossen holte sie das Foto aus ihrer Brieftasche, das sie zuhause noch auf die Schnelle aus dem Album genommen und eingesteckt hatte.

Die Schwarzweißaufnahme zeigte ein kleines Grab inmitten einer Reihe von anderen kleinen Gräbern. Ungefähr so groß wie eine gängige Kinderbettmatratze war es, umgeben von einer Steineinfassung. Auf dem schlichten Marmorrahmen stand *Heidrun Mlodoch.* Und darunter jene Symbole und Zahlen, die sie schon als Kind hatte lesen können: *✧10.5.58 ✞ 10.5.58.* Auf einem Farbbild wären die gepflanzten Blumen ein bunter Tupfer in der Friedhofstristesse gewesen. Was das wohl für Bäume waren, die sich am Rand des Fotos in die Höhe reckten?

Jaja, diese alten Kindergräber, der Friedhofsgärtner kratzte sich nachdenklich an seinem fast kahlen Schädel, die seien da hinten links gewesen. Hinter der Kapelle. Ob sie den überwucherten Bahndamm sehe? Dort seien die Gräber gewesen. Er selbst arbeite schon seit vielen Jahren hier und wisse genau, dass man die alten Kindergrabstätten platt gemacht habe, um Platz für neue zu schaffen. Gestorben werde ja immer, witzelte er und wischte sich mit einem karierten Taschentuch Schweißperlen von der Stirn. »Allet Jute! Hoffnlich klapptet mitter Suche!« Und er schob seine Karre in die andere Richtung.

Hannas Herz klopfte so laut, dass sie einen raschen Blick über die Schulter riskierte. »Herzklabastern« hätte ihre Oma dazu gesagt. Doch der hilfsbereite Gärtner hatte sich schon aus dem Staub gemacht. Während Robert und sie seinen Hinweisen folgten, sprangen ihre Blicke hin und her. Zwischen dem Schwarzweißfoto und der Original-Umgebung. Suchend. Vergleichend. Hoffend. Und dann blieben sie verblüfft stehen. Die Bäume, die sie soeben auf dem Bild gesehen hatten, standen noch da! Größer und kräftiger waren die Birke und die Esche geworden. Nur die Kindergräber, einstmals aufgereiht wie Perlen an einer Kette, waren verschwunden. *Sag mir, wo die Gräber sind, wo sind sie geblieben?*

Gewusst wie! Anerkennend reckte sie den Daumen hoch, als Robert einen Zollstock aus der Hosentasche zückte und die Strecke abzumessen begann. Manchmal waren Ehemänner ganz schön praktisch. Dann winkte er ihr aufgeregt zu. Hier! Hier müsse das Grab gewesen sein. Und sie blickte auf einen einsamen Rhododendronstrauch, in dessen Schatten sich eine grau-braun-getigerte Katze zusammengerollt hatte. »Sieh mal einer guck«, sagte Hanna leise zu sich. Dieser Ausdruck, der von ihrem Vater stammte, war für sie längst in den alltäglichen Wortschatz übergegangen. Also gab es doch eine Mieze in der Nähe!

Und dann kam alles ganz plötzlich. Eine nie gekannte Welle von Zärtlichkeit überflutete sie. »Hier also, Heidrun, hast du deine letzte Ruhestätte gefunden«, murmelte sie vor sich hin. »Hier, wo diese Katze jetzt vor sich hindöst, hat man deinen Sarg in die Erde gelassen.« In dem

Moment passierte etwas Eigentümliches: Der Stubentiger begann sich vor ihren Augen aufzulösen, bis es aussah, als wenn da nur noch Erde wäre. Schimmerten nicht blasse Knöchelchen durch das Erdreich? War da nicht ein Händchen mit nahezu durchsichtigen Fingernägeln, das nach ihr zu greifen versuchte? Unverzüglich schloss Hanna ihre Augen. Und sie erschrak heftig.

Doch die Hand, die sich angenehm kühl und tröstlich auf ihren Arm legte, gehörte Robert. Wem auch sonst? Und sie fragte sich, ob man wohl noch immer genetisches Material im Boden eines Friedhofs finden könne. Das muss ich, wenn wir nachher zuhause sind, unbedingt mal googeln, nahm sie sich vor. Wie lange sie beide noch vor dem Grab gestanden hatten? Fünf Sekunden? Fünf Minuten? Fünf Stunden? Sie hätte es nicht zu sagen vermocht, ihr war jegliches Zeitgefühl abhandengekommen. Während ihre Augen über das Friedhofsgelände glitten, bildete sie sich ein, dass sie die Gegenwart der vielen Toten spüren konnte - wie sie über das Gräberfeld schwebten und sie aus der Höhe beobachteten. Auch Heidrun muss unter ihnen sein, dachte sie.

Und Hanna fiel ein Artikel aus einem renommierten Magazin ein, das sie letztens im Wartezimmer eines Arztes durchgeblättert hatte. Es ging um einen Wissenschaftler, der während seines Studiums in ein Wohnheim zog und in der ersten Nacht jemanden in seinem Zimmer gesehen haben wollte. Die Vermieterin zeigte ihm daraufhin das Bild eines jungen Mannes, der zuvor dort gewohnt und sich das Leben genommen hatte. Und er erkannte den Unglücklichen auf der Stelle wieder. Das sei er! Genauso habe dieser Eindringling ausgesehen! Ob Seelen wirklich wie die Körper aussahen, in denen sie zu Lebzeiten gesteckt hatten? Würde man nach dem Tod lediglich die Seiten wechseln, ohne dass sich sonst nicht viel änderte? Wer konnte das schon sagen.

Auf einmal vernahm Hanna gedämpfte Stimmen hinter sich und zuckte abermals zusammen. Eine Familie hatte sich an einem der neuen Kindergräber versammelt. Wo ein kleines Mädchen die Schnur eines herzförmigen Ballons umklammerte, an dem ein Kärtchen hing. Zwei Erwachsene, ein Mann und eine Frau, weinten vor sich hin, ein älteres Paar stand mit versteinerter Miene daneben und knetete die Hände, als wenn es winterkalt wäre. Hanna sah, wie sich der Ballon langsam am Horizont verlor. Später, nachdem sich das Grüppchen entfernt hatte, ging sie zu der Grabstelle. Bei dem Jungen, der hier lag, war nur ein einziges Datum auf dem Stein zu lesen. Wie bei Heidrun auch.

Da machte es wieder in Hanna KLICK.
Sie wusste jetzt, dass sie Heidrun kontaktieren wollte.
Und wie sie es zu tun gedachte.

Auf dem Heimweg nach Dinslaken, wo Robert und sie wohnten, hielten sie an einem Laden an, der auf Heliumballons spezialisiert war. In allen Formen und Farben und mit allen möglichen Aufschriften. Wenn Hanna etwas kaufen wollte, konnte es sein, dass sie ewig für eine Entscheidung brauchte, die sich aber nicht immer als die beste entpuppte. Oder es ging rubbeldiekatz, so wie jetzt. Der glänzende Herzballon war ihr schon an der Tür aufgefallen. Ein sternenübersäter Himmel, mit nur einem einzigen Wort in der Mitte. *Schwesterherz.* In schwungvoll geneigten Buchstaben, die sich aneinander festhielten.

Nachher, wenn sie zuhause wäre, würde Hanna einen Brief an Heidrun schreiben. Und morgen erneut zum Friedhof an der Kaiser-Friedrich-Straße fahren, um den Ballon steigen zu lassen. Mit ihm würde dann der Brief auf weite Reise gehen. Eine Luftpost im wahrsten Sinne des Wortes. Und wieder kribbelte es in ihr vor Aufregung.

Dear You

Liebe Heidrun!

Wahrscheinlich bist du jetzt von den Socken.

Post aus dem Diesseits zu bekommen, ist bestimmt nicht alltäglich für dich. Und dazu noch von mir, deiner Zwillingsschwester! Ob du dort, wo du jetzt lebst, etwas über mich gehört hast? Vielleicht. Vielleicht aber auch nicht, dann wäre es dir ähnlich ergangen wie mir.

Unsere Eltern haben nie viel von dir erzählt. Und irgendwann habe ich nicht mehr nachgefragt. Doch letztens bin ich, obwohl ich etwas ganz anderes gesucht habe, auf Unterlagen über deine Beerdigung gestoßen. Schon immer war ich der Meinung, dass alles, was passiert, nicht ohne Grund passiert und dass es keine »Zufälle« gibt. Beim Durchblättern dieser alten Papiere habe ich gemerkt, dass ich kaum etwas von dir weiß, obwohl wir ganze sieben Monate zusammen in Mamas Bauch verbracht haben.

Was magst du dir wohl denken, wenn du das hier liest?

Ob du dir sagst: Über die Hanna würde ich so gerne etwas mehr erfahren? Das kann ich mir gut vorstellen. Denn auch ich möchte so viel über dich wissen! Also nehme ich einfach mal an, dass du (genau wie ich) sehr neugierig bist und fange mit meiner Familie an. Sorry, natürlich mit »unserer« Familie! Damit du im Bilde bist.

Seit über 30 Jahren bin ich mit Robert verheiratet, meiner großen Liebe. Wie wir uns kennengelernt haben, werde ich dir bei Gelegenheit erzählen. Und da ist Philipp, unser gemeinsamer Sohn. Stell dir vor, Heidrun, ich bin sogar schon Schwiegermama! Allerdings hat nicht Philipp dafür gesorgt, sondern meine Tochter Emma. Die Ehe, aus der sie stammt, ist leider schief gegangen. Emma ist inzwischen ebenfalls verheiratet und hat mit ihrem Markus einen Glückstreffer gelandet. Und stolze Oma bin ich auch – von Louisa und Fabio. Über die anderen Familienangehörigen schreibe ich später, schließlich sollst du ja nicht bereits zu Beginn den Überblick verlieren.

Oh, jetzt habe ich Amy ganz vergessen!

Und du wirst dich erstaunt fragen, ob ich noch weitere Kinder oder Enkelkinder habe. Ja, ein vierbeiniges, könnte man fast sagen. Vor einigen Jahren habe ich mir nämlich einen Herzenswunsch erfüllt und eine Katze aus dem Tierheim adoptiert. Ein ganz normales Feld-Wald-und-Wiesen-Exemplar. Und dennoch ist Amy keine gewöhnliche Katze. Ganz und gar nicht.

Wenn ich in ihre tiefgrünen Augen blicke, habe ich immer das Gefühl, wie durch ein Fenster in eine geheimnisvolle Welt zu schauen. Ich glaube, Katzen sind sehr viel schlauer, als man denkt. Wenn es mir beispielsweise vor dem Aufstehen graut, weil ich einen schwierigen Tag vor mir habe, so scheint Amy das zu spüren. Sie springt auf meine Bettdecke und maunzt mich aufmunternd an, als wenn sie für menschliche Gedanken einen siebten Sinn hätte. Katzen seien »spooky«, würden meine Schüler dazu sagen. Damit habe ich dir verraten, dass ich Lehrerin bin. Und zwar für die Fächer Deutsch und Englisch. Ich liebe meinen Beruf wirklich, doch ständig habe ich diese Klassenarbeitsstapel auf meinem Schreibtisch liegen. Es vergeht kaum ein Wochenende, an dem ich nicht korrigieren muss.

Aber Schluss mit der Jammerei!

Seitdem ich selbst eine Familie habe, denke ich viel über früher nach. Über unsere Eltern und über meine Kindheit. In einem Roman, den ich kürzlich gelesen habe, wollte eine junge Frau ihre Mutter besuchen, um mit ihr über das »Kinder-Kriegen« zu sprechen. Die hat es gut, habe ich mir gedacht. Als ich mich für solche Themen zu interessieren begann, war unsere Mama schon längst tot. Heute würde ich wer weiß was dafür geben, wenn ich die Zeit zurückdrehen und sie über damals ausquetschen könnte. Was bei unserer Geburt passiert ist und warum du hast sterben müssen.

Ich habe so viele Fragen, auf die ich keine Antwort weiß.

Deshalb möchte ich unbedingt herausfinden, was früher war und dir darüber schreiben. Vielleicht hast du Interesse, das zu lesen, vielleicht aber auch nicht. Woher soll ich wissen, was du schon weißt?

Liebe Heidrun, ich hoffe so sehr, dass ich mit diesem Brief eine erste Brücke zwischen uns Zwillingsschwestern schlagen konnte. Ich bin extra nicht so ins Detail gegangen, damit der Brief dünn bleibt. Schließlich will ich ihn an einem Ballon befestigen, der zu dir aufsteigen soll. Ohne dass er eine Bruchlandung macht. Du glaubst nicht, wie ich mir wünsche, dass diese »Luftpost« bei dir ankommt, auch wenn ich nicht weiß, ob das funktionieren kann. Robert ist auch Lehrer, aber für Mathe und Physik – er ist da eher skeptisch.

Ich weiß nur, wenn ich als Kind einen sehnlichen Wunsch hatte, wollte ich meinem Glück nachhelfen. Und dann habe ich mir etwas Bestimmtes vorgenommen. Zum Beispiel auf dem Schulweg nur auf die Bürgersteigplatten zu treten und nicht auf die Fugen dazwischen. Wenn ich das schaffen würde, habe ich mir gedacht, dann ginge mein Wunsch in Erfüllung. Hin und wieder hat das auch geklappt. Mal gucken, ob das noch heute der Fall ist …

Es grüßt dich herzlich
deine Schwester Hanna,
die sich nun zum ersten Mal so nennt und
sich dabei richtig gut fühlt

Der Wind hat mir ein Lied erzählt

Liebe Heidrun!

Und weißt du was?

Ich habe es tatsächlich nochmal gemacht!

Auf dem Weg vom Schulparkplatz zum Haupteingang bin ich heute Morgen ganz vorsichtig gelaufen, damit ich bloß auf den großen Bürgersteigplatten bleibe. Und es ist mir, das glaube ich zumindest, gelungen. Wenn das kein gutes Zeichen ist! Wahrscheinlich werden sich die Schüler über mein eigenartiges Gehen, immer den Blick nach unten gerichtet, gewundert haben. Wenn sie mich gefragt hätten, ob ich was suchen würde, dann hätte ich … ja, was hätte ich dann bloß gesagt? Doch es hat mich niemand gefragt.

Und noch etwas muss ich dir erzählen. Robert und ich sind bei einem Steinmetz gewesen. Nein, nicht bei der Firma »Rehbein«, die damals die Marmoreinfassung für dein Grab angefertigt hat. Was für ein lustiger Name für ein so trauriges Business! Dieses Unternehmen gibt es nicht mehr und so haben wir den Steinmetz bei uns am Parkfriedhof aufgesucht.

Und jetzt kommt die Überraschung! Weil dein Grab ja vor so langer Zeit eingeebnet worden ist, habe ich mir überlegt, dass die Zeit reif ist für ein neues. Nun ja, kein richtiges, das ein Totengräber geschaufelt hat. Stattdessen sollst du einen »Gedenkstein« erhalten. Dort, wo Mama und Papa bereits liegen.

Im Büro des Steinmetzes habe ich mich für einen Findling aus Granit entschieden, der gut zum Grabstein unserer Eltern passt. Und für eine Beschriftung aus zierlichen Bronzebuchstaben, die fast so aussehen wie die Buchstaben auf deinem Ballon. Alle Schrift typen, die man hier bestellen konnte, sind nach bekannten Autoren benannt. Und dein Schrifttyp heißt »Carroll«. Erst hinterher ist mir klar geworden, dass es Lewis Carroll war, der »Alice im Wunderland« verfasst hat. Die Geschichte eines Mädchens, das im Traum in eine fantastische Welt gerät. So wie ich eine andere Welt betrete, wenn ich dir schreibe. Auch das kann kein Zufall sein.

Zuletzt sollte ich in eine Skizze einzeichnen, wie ich die Jahreszahl »1958« und deinen Vornamen auf dem Stein angeordnet haben möchte. Diese beiden Angaben reichen vollends, schließlich trägst du denselben Nachnamen wie Mama und Papa. Eine gute Woche soll die Anfertigung dauern. Ich bin schon gespannt wie ein Flitzebogen. Ob dieser Stein auch dir gefallen wird?

Natürlich frage ich mich, wie unsere Eltern auf die heutige Aktion reagiert hätten. Man solle die Toten ruhen lassen, hätte Mama vielleicht dazu gesagt. Die Generation, der Papa und sie angehören, hat sich Trauerarbeit kaum leisten können. Zu viel Schrecken und auch Tod hat sie im Zweiten Weltkrieg kennenlernen müssen, für Befindlichkeiten, selbst für Betroffenheit, war da kein Platz mehr.

Augen zu und durch, so hieß die Devise. Und wenn jemand starb, dann war das zwar traurig, aber nicht zu ändern.

Doch du ahnst sicherlich, liebe Heidrun, dass ich anders gestrickt bin. Weil ich die Erinnerung an dich unbedingt wachhalten möchte. Denn du gehörst zu mir, zu uns allen. Und Emma, der ich am Telefon von dem Gedenkstein erzählt habe, sieht das genauso wie ich. Meine Entscheidung sei goldrichtig gewesen. Was für ein Schatz meine Tochter doch ist!

Bei dem Steinmetz haben Robert und ich, nach Papas Tod, eine bronzene Grableuchte gekauft und sie fest in der Erde verankert. Damit sie keine Beine kriegt. Es ist unglaublich, was auf Friedhöfen alles gestohlen wird! Ganz schlimm finde ich das. Bald wird die Grabkerze also auch für dich leuchten!

Zwar sollen Erinnerungen hauptsächlich in unseren Herzen leben, weil sie dort das schönste Denkmal haben, das ein Mensch bekommen kann. So hat es der Urwald-Doktor Albert Schweitzer gesagt, das habe ich mal irgendwo gelesen. Aber für mich sind äußere Zeichen ebenfalls wichtig. So könnte ich mir nie vorstellen, verheiratet zu sein und keinen Ehering zu tragen …

Herzliche Grüße
von deiner Schwester Hanna,
die mit dem Gedenkstein für dich ein Zeichen setzen will

P.S.: Draußen ist es, bis gerade eben, windstill gewesen. Während ich diese Zeilen an dich schreibe, kommen plötzlich heftige Böen auf. Und rütteln die Obstbäume und Haselsträucher in unserem Garten durcheinander, was ich von der Schreibplatte in meinem Arbeitszimmer gut im Blick habe. »Der Wind, der Wind, das himmlische Kind« heißt es in dem Märchen »Hänsel und Gretel«.

Ob dieser Wind vielleicht ein Zeichen von dir ist ???

Den Brief werde ich übrigens heute Abend auf das Fensterbrett legen. Genau wie damals meine Wunschzettel für das Christkind, die auch abgeholt worden sein müssen. Denn am nächsten Morgen waren sie nicht mehr da.

Viertes Kapitel

Gedankenschwer ließ Hanna ihren Löffel in der Tasse kreisen, damit sich die Saccharintabletten auflösen konnten. Sie liebte ihren Tee süß, aber auch figurfreundlich, denn aus dem Leim gehen wollte sie nicht. Dass der englische Frühstückstee keine Kalorien hatte, war nur einer der Gründe, warum er ihr so gut schmeckte. Oma Marthas Sammeltasse war der andere. Das elfenbeinfarbene Porzellan mit dem Rosendekor erinnerte sie stets an früher, als sie mit Mama die Großeltern besuchte und den Tisch decken durfte. Mit den kitschig schönen Sammeltassen. Dieses eine Gedeck hatte sie am liebsten gemocht und es später, genau wie das Bild mit dem guten Hirten, an sich genommen.

Die kräftige Assam-Ceylon-Mischung machte sie wach. Den Kick brauchte sie auch, weil sie sich nachts schlaflos im Bett herumwälzte. Obwohl das geheimnisvolle Rauschen im Garten schon mehrere Tage zurücklag, hatte sie es deutlich im Ohr. *Liebe Hanna, ich bin irgendwo da draußen, viel näher, als du es meinst,* schienen ihr die Bäume und Sträucher immer noch zuzuraunen. Das glaubte sie jedenfalls zu hören. Wie ein Tinnitus war das, aber ein angenehmer. Und seitdem war sie hin- und hergerissen. Zwischen der Freude, dass ihre Briefe offensichtlich angekommen waren und einem unbestimmten Gefühl, das sie nicht so recht benennen konnte. Es war, als ob sie eine Grenze überschritten hätte. Zwischen dem Diesseits und der anderen Welt.

Heute musste Hanna nicht zur ersten Stunde in der Schule antanzen. Zeit genug, um vorher ihre Mails zu checken. Ob es von der Schulleitung neue Mitteilungen gab, Einladungen zu lästigen Konferenzen oder so? Lustlos warf sie den Laptop an. Doch ihre Stimmung hellte sich augenblicklich auf, als sie das Hintergrundbild erblickte. Ein grandioses Nachtpanorama von Tokio. Das gigantische Häusermeer, das sich bis zum Horizont erstreckte, wurde von zahllosen hellen Fenstern und märchenhaft bunten Reklameschildern illuminiert, bei denen sie allerdings nur die Ziffern erkannte. Diese waren im Japanischen genauso wie überall auf der Welt.

Und wieder einmal staunte sie, dass Philipp viele dieser Schriftzeichen aussprechen und ihnen Sinn entnehmen konnte. Zuerst war es nur Judo gewesen, dann die Sprache und schließlich die Kultur des fernöstlichen Landes, die ihn interessiert hatten. Dass es ihn nach dem *Bachelor* dorthin ziehen würde, für eine Auszeit, hatte sie befürchtet. Nicht, dass sie es ihm missgönnte, keineswegs, aber Japan war so weit weg. Musste man dort nicht mit Taifunen oder Tsunamis rechnen?

Doch beim wöchentlichen Skypen stellte sie fest, dass man sich mehr zu sagen hatte als zuhause. In der Entfernung waren sie paradoxerweise einander nähergekommen. Er, schweigsam veranlagt wie sein Vater, sprudelte förmlich über. Erzählte und erzählte. Von dem *Sharehouse*, in dem er mit jungen Leuten aus aller Herren Länder wohnte, von seinem Job als Tellerwäscher in der Küche eines *Izakaya* und dem Besichtigungsprogramm, das er wie jeder Tourist absolvieren wollte. Wobei seine Japanisch-Kenntnisse von Tag zu Tag besser wurden. Und das alles versöhnte sie damit, dass sie ihm nicht mehr durch die dunklen Haare wuscheln konnte. Was ihm sowieso nie gefallen hatte.

Mit einem Mal war das nächtliche Tokio weg, nur ein gepunkteter Kreis eierte hartnäckig auf dem Bildschirm hin und her. Nichts tat sich. Oder doch? *Updates werden verarbeitet. Schalten Sie den Computer nicht aus.* Auch das noch! Den Tücken der Technik ausgeliefert zu sein, wenn man sie brauchte, so etwas nervte. Schließlich hatte sie ihre Zeit nicht gestohlen. Wie viele Jahre mochten ihr wohl noch verbleiben? Wenn sie das bloß wüsste! Aber würde sie das wirklich wissen wollen?

Aus Langeweile hatte sie mal ihren Namen gegoogelt und war auf die Todesanzeige einer Frau gestoßen, die genauso hieß wie sie. *Im ersten Licht des Tages ist sie von uns gegangen.* Unheimlich war es, etwas zu lesen, was man normalerweise nie zu Gesicht bekam - den eigenen Namen auf einer schwarz umflorten Seite. Der Gedanke an das Ende jagte Hanna Angst ein. In ihrem Leben sei doch alles geregelt, hatte der Psychotherapeut sie zu beruhigen versucht. Dennoch konnte ihr das Schicksal einen Strich durch die Rechnung machen. Oder etwa nicht? Sie hatte noch so viel vor. Wenn sie eines Tages nicht mehr berufstätig war, wollte sie Chroniken über ihre Familie schreiben, damit später nicht alles in Vergessenheit geriet. Und dann war es natürlich die Spurensuche nach Heidrun, die sie beschäftigte.

Plötzlich geisterte das Wort *spooky* in ihr herum. Und andere Erinnerungen tauchten auf. Als sie ein kleines Mädchen war, sollte Oma Martha ihr oft eine bestimmte Ballade vorlesen. Aus dem zerfledderten Lesebuch, das einst Hannas Uropa gehört hatte.

»Rasch tritt der Tod den Menschen an« stammte von Gustav Schwab, der durch seine Sammlung von Altertumssagen bekannt geworden war. Nicht ohne Grund trug das Gedicht, das auf einer wahren Begebenheit beruhte, in manchen Büchern den Titel »Das Gewitter«.

War es die Lust am Gruseln, weshalb Hanna die Strophen immer wieder hören wollte? Heute käme sie nicht einmal im Traum auf diese Idee. Niemals würde sie das ihrer Louisa vorlesen! Und sie wusste auch warum. Denn in dem Text malten sich vier Generationen einer Familie aus, was sie am morgigen Feiertag machen würden. Jede dieser Frauen hatte so ihre eigenen Pläne – auch das Kind, das vielleicht so alt war wie sie damals. Spielen wollte es, in der Gegend herumtollen und Blumen pflücken. Dann grollte der Donner, ein Blitz schlug ein und plötzlich waren alle mausetot. Und mit dem Feiertag war es Essig.

Sie hören's nicht; sie sehen's nicht;
es flammt die Stube wie lauter Licht;
Urahne, Großmutter, Mutter und Kind
vom Strahl miteinander getroffen sind.
Vier Leben endet e i n Schlag und morgen ist's Feiertag.

Oma Martha konnte nicht ahnen, wie hartnäckig sich diese Zeilen im Kopf ihrer jungen Zuhörerin halten würden. Sie war eine einfache Frau vom Lande, die einer Großmutter im Bilderbuch sehr nahekam, nicht nur, weil sie ihre hüftlangen Haare zum Knoten zusammensteckte. Auch vom Wesen her war sie eine typische Oma. Nie zauderte sie, wenn sie gebraucht wurde und dachte zuletzt an sich selbst. Mit Kinderpsychologie wäre sie, die zwei Weltkriege durchlitten hatte, jedoch überfordert gewesen. Sie war eine Frau mit Herzensbildung, bei der sich Hanna stets geborgen fühlte. Problemlos verbrachte sie ganze Wochen bei den Großeltern, wenn ihre Mutter ins Krankenhaus musste.

Ob Hannas ständige Verlustängste von dieser Ballade kamen?

Immer wieder tauchten sie auf. Es reichte, dass jemand sich nicht pünktlich meldete, sich verspätete. Immer rechnete sie mit dem Schlimmsten. Dass Menschen, die sie liebte, von jetzt auf gleich sterben könnten, war ein Horrorszenario für sie.

Doch heute wollte sie solche dunklen Gedanken bei Seite drängen, sonst bekäme sie gar nichts mehr auf die Reihe. Wie lange diese Updates bereits dauerten! Gerade war sie im Begriff aufzustehen, um Omas Sammeltasse per Hand zu spülen, als sich Amy auf dem Tisch niederließ. Sie durfte das, auch wenn manche Gäste bei diesem Anblick die Stirne runzelten. Konzentriert starrte die Vierbeinerin auf das schwarze Rechteck des Computerbildschirms, wo sich immer noch nichts tat. Fast schien es Hanna, als würde ihre Katze auf der Lauer liegen. Als würde sie in der monotonen Farblosigkeit ein Muster erkennen. Geheime

Zeichen, geheime Botschaften. Vielleicht sogar ein Bild, das sich einem nur erschloss, wenn man den grünen Blick eines Stubentigers besaß.

Ja, Katzen waren schlau.

Und sie waren wie Wesen aus einer anderen Welt.

Bei einem weiteren ihrer Google-Ausflüge war Hanna auf eine Überschrift gestoßen, die sie umgehauen hatte: »Wenn Kater Oscar schmust, kommt der Tod.« Klare Sache, dass sie unbedingt weiterlesen musste! In dem US-amerikanischen Ort Providence, was ausgerechnet »Vorsehung« bedeutete, gebe es einen sehr speziellen Kater. Dieser schnuppere mit Vorliebe an palliativmedizinischen Patienten, beobachte sie und lege sich dann zu ihnen aufs Bett. Einen Besuch von Oscar habe angeblich noch niemand überlebt. Sogar bei Wikipedia konnte man über diese Katze nachlesen, es musste also was an der Geschichte dran sein. Manche Miezen besaßen offenbar Sensoren, mit denen sie die Chemie des körperlichen Endes wittern konnten. Unglaublich!

PLING! Das bekannte Geräusch holte sie aus ihren Gedanken zurück. Aber nun war der Platz neben ihr leer, Amy hatte das Weite gesucht. Nach einem Blick auf die Wanduhr mahnte sich Hanna zur Eile, bald musste sie sich für die Schule fertig machen. Und wie im Blindflug gab sie ihren Nutzernamen und das Passwort ein. PLING! PLING! Doch bei »Freunde & Bekannte« entdeckte sie nur eine einzige Nachricht. Von einer Kollegin, die ihr Klassenarbeitsvorschläge schickte. Das konnte warten. Bei »Unbekannt« wurden mehrere Mails angezeigt. Sie überflog die Absender. Werbemüll, nichts Spektakuläres.

Weg damit, weg, weg .... aber von wem war denn das?

Sie schaute ein zweites Mal hin. Das durfte sie auf gar keinen Fall löschen! Rasch klickte sie sich in die Datei - und ihr Herz machte einen Sprung. Der Gedenkstein sei fertig, stand da, man werde ihn im Laufe des Tages zu der angegebenen Stelle transportieren und dort ablegen. Auf das Doppelgrab Nr. 148 in Feld LII, wie vertraglich vereinbart. Heidrun, dein Stein ist fertig! Es jubelte in Hanna und sie hatte Lust, eine Flasche Champagner zu köpfen, die sie allerdings noch besorgen müsste. Gleich nach der Schule würde sie zum Friedhof fahren, sie musste den Stein unbedingt mit eigenen Augen sehen! Ob er schön geworden war? Und danach würde sie im Lebensmittelladen einen edlen Tropfen mitnehmen, der ruhig etwas teurer sein konnte.

Während Hannas Herz noch immer heftig pochte, kam Amy zu ihr zurück. Auf Samtpfötchen schlich sie um ihre Beine herum und miaute. »Was ist denn los? Was willst du denn der Mama sagen?« Ja, für ihre Katze war Hanna die »Mama«, worüber so mancher nur entgeistert den Kopf schütteln konnte. Aber das war ihr egal. Sie war fest davon überzeugt, dass Amy jedes Wort verstehen konnte.

Und mit einem Mal musste Hanna daran denken, wie ihre Mieze vorhin den Bildschirm fixiert hatte. Ob die schwarze Fläche für sie ebenfalls »leer« gewesen war? Oder hatte sie vorher gewusst, was in der E-Mail des Steinmetzes stehen würde? Und wollte sie dieses Schon-Gewusst-Haben nun mit ihrer Menschenfreundin teilen?

Very, very spooky.

Liebevoll drückte Hanna einen Kuss auf das Katzenköpfchen.

Knockin' on Heaven's Door

Meine liebe Heidrun!

Dein Gedenkstein sieht so schön aus! Unfassbar schön. Und er passt wie angegossen, als wenn er immer dort gestanden hätte.

Noch immer kann ich mir nicht vorstellen, auf welche Art und Weise du meine Briefe erhältst. Aber dass du sie erhältst, das spüre ich. Als ich gestern am Grab war, ist mir eine Idee gekommen. Von nun an werde ich alle Briefe, die ich dir schreibe, unter dem Gedenkstein deponieren. Ein wenig Erde habe ich gerade weggekratzt und einen kleinen Hohlraum gebuddelt. Es muss ja nicht jeder sehen, dass unter dem Findling etwas verborgen liegt. Weil es nur für dich gedacht ist. Und ich stelle mir vor, dass die Briefe irgendwie abgeholt werden. Vom Wind oder sogar von dir selbst. Wer weiß.

Jetzt, wo ich mir immer sicherer bin, dass es dich irgendwo in der anderen Welt gibt, überlege ich oft, wie es dort wohl aussieht. Ob unser menschliches Leben da oben seinen Anfang nimmt?

Als ich im Alter von 18 Jahren zum ersten Mal geflogen bin, habe ich mich plötzlich an etwas erinnert, das Mama mir früher erzählt hat. Babys würden sich vor der Geburt im Himmel aufhalten. Auf einer »Wolke sieben«. Über diese Vorstellung, wie ein Engel im Himmel herum zu schweben, habe ich ziemlich lachen müssen. Eine Wolke mit Hausnummer! Doch beim Blick aus dem Flugzeugfenster, zig Jahre später, konnte ich natürlich nur Nebelschwaden ausmachen, so als wenn in der Küche gerade das Nudelwasser übergekocht wäre. Etwas anderes habe ich auch nicht erwartet. Schließlich weiß man in diesem Alter, dass der Mensch zu Beginn seines Lebens eine Ansammlung von Zellen in der Gebärmutter ist. Aber die andere Variante gefiel mir einfach besser – auf irgendeiner Wolke zu warten, bis der ideale Zeitpunkt für die Geburt gekommen war. »Baby Mlodoch 1, mach dich startklar für die Landung! Und Baby Mlodoch 2, ebenfalls ab auf die Startbahn mit dir! Ihr wollt doch Zwillinge werden, oder?« Ja, Schwesterherz, das wollten wir …

Ein anderes Mysterium ist das Ende unseres Lebens. Zwar lässt sich das, was nach dem Tode passiert, biologisch erklären. Die lebensnotwendigen Abläufe funktionieren nicht mehr, es bleibt nur die körperliche Hülle. Aber das kann doch nicht alles gewesen sein! Was geschieht mit der Seele des Verstorbenen? Mit all dem, was einen Menschen wirklich ausgemacht hat?

Gute Menschen kommen in den Himmel.

So steht es in der Bibel, so hat man es mir als Kind erzählt.

Und so habe ich es an meine eigenen Kinder weitergegeben. Nach der Beerdigung unseres Vaters fragte Philipp, ob der Opa nun in den Wolken verschwunden sei. Da war er gerade drei Jahre alt. Inzwischen ist er über zwanzig und hält sich vorübergehend in Japan auf, wo er nach dem Studium Land und Leute kennenlernen will. Am Tag vor dem Abflug hat er uns »Skype« auf dem Computer installiert. Nun können wir ihn trotz der Entfernung sehen, hören und mit ihm sprechen. Was für eine Wahnsinnstechnik! Wenn ich das auch nur mit dir machen könnte …

Bis zu diesem Zeitpunkt war mir überhaupt nicht klar, dass das Wort »Skype« von »sky« kommt. Aber dass es im Englischen zwei Übersetzungen für »Himmel« gibt, wusste ich natürlich. »Sky«, wenn die meteorologische Bedeutung gemeint ist und »heaven«, wenn man von der Religion redet. Dennoch können auch die Engländer nicht wissen, wie es da oben tatsächlich aussieht. Alles werden wir Menschen wohl nie in Erfahrung bringen, selbst wenn wir es noch so sehr wollen. Und was sagt die Bibel dazu?

»In meines Vaters Haus sind viele Wohnungen« kann man im Lukas-Evangelium lesen. Aber eine richtige Erklärung ist das für mich nicht. Soll ich mir das Jenseits wie ein globales Mehrgenerationenhaus vorstellen, in dem die Verstorbenen auf verschiedenen Etagen leben? Das wären ja runde 2000 Jahre Christenheit unter einem Dach! Müsste da nicht der Himmel aus allen Nähten platzen? Aber jeder stellt sich das Jenseits wohl anders vor.

Während ich dir schreibe, fällt mir auf einmal etwas ein. Und ich sehe Pastor Nordmann vor mir, wie er uns Konfirmanden ein Gleichnis erzählt. Mit seiner donnernden Stimme spricht er von zwei mittelalterlichen Mönchen, die sich das Leben nach dem Tode ausgemalt hätten. Nun wollten sie in Erfahrung bringen, ob das alles so stimme. Derjenige, der zuerst sterbe, solle dem anderen im Traum erscheinen und nur ein einziges Wort sagen. »Taliter«, wenn es so sei wie angenommen – und »aliter«, wenn es anders sei. Doch der zuerst verstorbene Mönch habe eine äußerst verwirrende Botschaft abgegeben. »Totaliter aliter!«

Es sei vollkommen anders als in unserer Vorstellung.

Was immer das heißen mag.

Als ich bereits erwachsen war, hat Papa mal zu mir gesagt, ich hätte als Kind den Himmel auf Erden gehabt. Für ihn war das ein Ort, an dem es einem gut geht. Und gut ist es mir wirklich ergangen. Besonders wenn ich meine Kindheit mit der Zeit nach dem Ersten Weltkrieg vergleiche, in der Papa groß geworden ist. Ein eigenes Zimmer bei vier Brüdern? Pustekuchen. Auch nahrhafte Lebensmittel waren nicht selbstverständlich, von Leckereien ganz zu schweigen. Kleidungsstücke anderer habe ich niemals auftragen müssen. Und Spielzeug gab es für mich mehr als genug. Selbst das Gymnasium konnte ich besuchen. Früher musste dafür »Schulgeld« gezahlt werden, was die Finanzen in Papas Elternhaus nicht hergaben. Ich sollte es einmal besser haben als er.

Nur ein Geschwisterchen, das hat mir immer gefehlt! Warum Mama nach ihrer Brustkrebs-Operation keine Kinder mehr kriegen konnte, habe ich erst später verstanden. Aber hätte ich nicht wenigstens eine Katze haben können? Die würde flusen, meinte Mama. Da müsse man immer mit dem Staubsauger oder dem Aufnehmer hinterher. Angeblich soll Ordnung das halbe Leben sein, doch es ist eben nur die eine Hälfte. Seitdem ich Amy habe, weiß ich, dass man erst mit Katzenhaaren richtig angezogen ist ...

Es grüßt dich von ganzem Herzen
deine Schwester Hanna,
die tief in sich spürt, dass es dich dort oben gibt

Fünftes Kapitel

Hanna schwirrte der Kopf.

Ein unbeteiligter Beobachter mochte die zahllosen Seiten und Notizblätter, die auf dem Teppich ihres Arbeitszimmers verteilt waren, als wüstes Durcheinander empfinden. So viele Materialien! Aus einem antiquarisch erworbenen Standardwerk, *Das Seelenleben des Ungeborenen*, hatte Hanna einige Passagen exzerpiert. Und im Internet nach neueren Texten zur Säuglingsforschung gesucht, die jetzt ausgedruckt vor ihr lagen. Alles, was sich auf das Thema »Zwillinge« bezog, hatte sie farbig markiert. Schon während ihres Studiums war sie ähnlich strukturiert vorgegangen. Mit einem Blätterwald, in dem nur sie den Durchblick hatte. Würde Amy jetzt mit einem Affenzahn durchs Zimmer fegen, bekäme auch Hanna ihre dollen fünf Minuten. Trotz aller Katzenliebe.

Doch manches musste sie nicht nachschlagen.

Das wusste sie. Mittlerweile.

Dass eine Schwangerschaft neun Monate lang war, davon hatte sie als Kind keine Ahnung gehabt. Sexualkunde wurde erst nach ihrer Grundschulzeit in den Lehrplan aufgenommen. Folglich konnte sie mit einer Meldung aus den *Reader's Digest*-Heften, die von ihren Eltern gelesen und auch von ihr durchgeblättert wurden, nicht viel anfangen. In einer Pariser Entbindungsklinik müsse man sich zehn Monate vor der Geburt anmelden, stand da. Das sei aber sehr lange vorher, fand sie nur, während sich Mama über diese Zeitspanne zu amüsieren schien. Zehn Monate! Wo eine Schwangerschaft nur neun Monate dauere. So frühzeitig könne man gar keinen Termin in der Klinik machen. Woher sollte sie, die Acht- oder Neunjährige, das wissen? Frauen, die schwanger waren, gab es im Verwandtenkreis keine einzige.

Erst auf dem Mädchengymnasium, in der 5. Klasse, wurde sie aufgeklärt. Ihre Biologielehrerin, die am liebsten von Dackel Waldi erzählte, empfahl den Schülerinnen das Büchlein *Woher kommen die kleinen Buben und Mädchen*. Gekauft, gelesen. Eine bequeme Lösung. Auch für ihre Mutter, die das heikle Thema somit geschickt umgehen konnte. Viele Fragen blieben jedoch offen. »Machst du das mit dem Papa auch so?« - »Darüber spricht man nicht. Basta.«

Seitdem Hanna selbst zwei Schwangerschaften hinter sich hatte, wusste sie, dass man nicht mehr in Kalendermonaten rechnete. Man zählte auch die davor liegenden »fruchtbaren« 14 Tage hinzu. Und kam somit auf zehn Mondmonate à vier Wochen. Heidrun und sie seien »Sieben-Monats-Kinder« gewesen, das hatte sie irgendwann aufgeschnappt. Aber das war es auch schon. Wie gerne hätte sie gewusst, was die Ursache für Heidruns frühzeitigen Tod gewesen war! Einen Plan, wie sich das recherchieren ließe, hatte sie noch nicht.

Einfacher war es hingegen herauszufinden, wie es ihnen beiden in der Gebärmutter ergangen war. Und sie versenkte sich in ihre umfangreiche Lektüre. Bei eineiigen Zwillingen handele es sich um die seltene Entstehung eines körpereigenen Klons, las sie, weil sich die Eizelle in den ersten Tagen der Schwangerschaft in zwei Hälften teile - mit genau derselben genetischen Ausstattung. Bei 250 Geburten käme das weltweit nur ein einziges Mal vor, was sie irgendwie mit Stolz erfüllte. Aber auch mit Trauer, schließlich war sie als »Halbzwilling« aufgewachsen. Ihre andere Hälfte fehlte, sie war wie amputiert.

Von Anfang an seien Kinder empfindsame Wesen, denen die Existenz eines zweiten Ichs in der Gebärmutter natürlich nicht entgehe. Aha. Nach 14 Schwangerschaftswochen würden sie ihrem Geschwisterchen die Hände entgegenstrecken. »Willst du mit mir Abklatschen spielen?«

Und nur vier Wochen später berühre ein Zwilling sein Gegenüber öfter als sich selbst. Fasziniert las Hanna von Patienten, die in Hypnose berichteten, sie hätten mit dem anderen Zwilling im Uterus gespielt. Mit Heidrun hätte ihr eine beste Freundin, eine Seelenverwandte, direkt in die Wiege gelegt werden können. »Ich glaube, das ist der Beginn einer wunderbaren Freundschaft«, wäre der passende Kommentar von Humphrey Bogart dazu gewesen, einem von Hannas Lieblingsschauspielern. Aus dem Film *Casablanca*.

Der erste Meilenstein einer Schwangerschaft liege in der sechsten Woche, las sie weiter. Wenn man auf dem Bildschirm des Ultraschallgerätes sehen könne, wie das kindliche Herz pulsiere. Auch in ihren eigenen Schwangerschaften hatte sie das als Highlight empfunden, als Herzklabastern der ganz besonderen Art.

Bei ihrer Mutter war es noch ein hölzernes Stethoskop gewesen, durch das sich die unterschiedlichen Herztöne vernehmen ließen. »Meinen Glückwunsch, Frau Mlodoch, Sie bekommen Zwillinge!« Das hatte es in der Familie noch nie gegeben. Warum sich eine Eizelle kurz nach der Befruchtung halbiere, sei ein ungelöstes Rätsel der Natur. Nicht alles kann der Mensch herausfinden.

Nach und nach würden sich alle fünf Sinne des Ungeborenen entwickeln: Hören, Tasten, Schmecken, Sehen und zuletzt das Riechen. War der Geruchssinn bei Heidrun und ihr überhaupt schon richtig ausgebildet gewesen? In den letzten beiden Monaten der Schwangerschaft, in der sich das Riechen-Können perfektionierte, hatte Hanna ja schon in ihrem Bett in der Kinderklinik gelegen, wo ihr das beißende Desinfektionsmittels Lysol in die Nase gestiegen sein musste. Während Heidrun indessen modrige Erde gerochen haben dürfte. In ihrem Kindergrab auf dem Evangelischen Friedhof in Marxloh.

Bereits mit acht Wochen seien die Winzlinge *social media*-fähig. Indem sie mit einfacher Körpersprache ein *like* oder *dislike* zum Ausdruck brachten. In welcher Situation sie beide wohl anerkennend gepufft hatten? Oder ärgerlich getreten? »Mama, wenn du dich beim Aufhängen der Wäsche so streckst, purzeln wir immer durcheinander! Da wird uns ganz schwummrig!« Wirklich bemerkbar machen konnten sich Heidrun und Hanna aber nicht. Kein Wunder, weil sie erst 1,5 cm kurz waren und 2 g leicht. Wie Gummibärchen aus der *Haribo*-Tüte. Süß!

Süß im wahrsten Sinne des Wortes wurde es bei einem Experiment, das man im sechsten Monat durchführte. Auch darüber las Hanna. Um zu sehen, wie die kleinen Körper reagierten, spritzte man den Babys Saccharin ins Fruchtwasser und konnte tatsächlich eine deutliche Zunahme der Schluckbewegungen beobachten. Bei diesen Informationen musste Hanna sofort an ihre Vorliebe für Tee mit Süßstoff denken. Interessant fand sie auch, dass die Analyse der Fruchtwassersuppe Auskunft über den mütterlichen Speiseplan geben konnte, ob eher Süßes oder Herzhaftes verputzt worden war. Ihre Mutter liebte gute Pralinen und hatte vielleicht in der Schwangerschaft noch mehr Appetit darauf verspürt als sonst. Durch eine ausgewogenere vorgeburtliche Ernährung hätte sie das Essverhalten ihrer Tochter vielleicht steuern können. Auch diese war ein Schmecklecker geworden. Nicht alles geht.

Im letzten Drittel der Schwangerschaft waren Heidrun und Hanna nun ganz Ohr. Normalerweise würden sämtliche Außengeräusche durch den gleichbleibenden Herzschlag der Mutter übertönt werden. Bei Zwillingen gab jedoch das Herzpochen des Gegenübers den Ton an. 120 - 160 mal pro Minute - und damit doppelt so schnell wie bei einem Erwachsenen. *Bum-bum-bum-bum-bum …*

»Schwesterherz, was ist los? Warum bist du so aufgeregt?«

»Gerade habe ich darüber nachgedacht, wie das Leben wohl nach unserer Geburt weitergeht. Ob Mama dann immer noch für uns sorgen kann? Und ob sie uns weiterhin ernähren wird - auch wenn es keine Nabelschnur mehr gibt?« Auf der Säuglingsstation würde Hanna diese tröstliche Geräuschkulisse vermissen. *Du fehlst*. Und Mama auch.

Dass sich die Augen eines Babys erst um die 26. Schwangerschaftswoche öffneten, war neu für sie. So spät erst? Helles Licht, das auf die Bauchdecke fiel, wäre von Heidrun und ihr als rosa oder violette Tönung wahrgenommen worden. Wie ein aus der Mode gekommener Farbfilter beim analogen Fotografieren.

Stopp! Da schoss Hanna etwas durch den Kopf.

Schnell angelte sie nach ihrem Handy und fragte Google: »Wie war das Wetter im Mai 1958?« Zu Beginn des Wonnemonats Mai, also kurz vor ihrem Geburtstag, lagen die Temperaturen spürbar über dem jährlichen Mittelwert, antwortete ihr die künstliche Intelligenz. Ein Wetterchen zum Eierlegen sei das gewesen, hätte ihr Vater zu dem herrlichen Frühsommer gesagt - dem ersten und letzten, den Hanna zusammen mit Heidrun verbringen sollte.

Ob ihre Mutter da bereits ihr dünnes, lichtdurchlässiges Sommerkleid von *Storch* getragen hatte? Modelle von »Deutschlands erstem und größtem Spezialhaus für Umstandskleidung« konnte man auch in Duisburg kaufen. In einer Krimskrams-Kiste, in der Hanna gelegentlich wühlen durfte, war sie mal auf einen Kassenbon gestoßen. Sie erinnerte sich genau, weil sie über den Namen so grinsen musste. *Storch* stand da - wie der Klapperstorch, der angeblich die Babys bringen würde. Ja, ein Kleid von diesem Hersteller habe sie besessen, hatte ihre Mutter bestätigt. Aber nur ein einziges, weil Markenkleidung schon damals teuer war. Und Umstandsmode sowieso. Besser ein gutes Stück zu haben als Ramsch vom Wühltisch, der nicht mal die neun Monate überstehe. Ob es sich bei dem dunklen Kleid mit den weißen Polka-Tupfen, das ihre Mutter auf vielen Fotos nach der Geburt trug, um jenes *Storch*-Modell handelte? Weil sich ihr Bauch noch nicht ganz zurückgebildet hatte.

Um lästigen Schwangerschaftsstreifen vorzubeugen, gab es damals bereits *Penaten-Öl*, das 1951 auf den Markt gekommen war. Bei Zwillingen musste sich die Bauchdecke noch stärker dehnen als bei Einlingen. Und durch eine entsprechende Massage könne man nicht nur die Dehnungen reduzieren, sondern auch das vorgeburtliche *Bonding* unterstützen. Schon hier würde die emotionale Beziehung zwischen Mutter und Kind beginnen. Und vor Hannas Augen tauchten die Hände ihrer Mutter auf, wie sie das Pflegeöl verteilten. Hände, deren Form Oma Martha an mehrere Generationen weitervererbt hatte. An Hannas Mama, an Hanna selbst und an Emma. Alle hatten sie die gleiche Fingerhaltung, die gleichen hervorstechenden Knöchel und die gleiche knochige, sehnige Mittelhand. Ihrer aller Hände hätte man glatt austauschen können, wie bei einer Anziehpuppe die Papierkleider.

Welche enorme Entwicklung Heidrun und sie vor der Geburt durchlebt hatten! Sie *beide*. Leider waren diese sieben Monate ihre einzige gemeinsame Zeit gewesen. Erfahrungen, die ein ungeborener Zwilling machte, waren in seinem Körpergedächtnis gespeichert. Ängste vor dem Loslassen gehörten mit dazu. Später würde man das Gefühl haben, immer eine Hälfte von sich zu suchen. Sei es in einem der Elternteile, dem Ehepartner oder den eigenen Kindern. Mit niemandem sei die Symbiose jedoch so perfekt wie mit dem eigenen Zwilling.

Da hielt Hanna überrascht inne. Hatte sie hier etwa über sich selbst gelesen? Konnte Heidruns Tod die Ursache für viele ihre Ängste sein? Für ihre Angst vor einem plötzlichen Sterben-Müssen? Und für ihre enge Bindung an die Mutter? War Heidrun auch der Grund, weshalb sie Philipp nur so schwer loslassen konnte? Bei Emma war ihr das leichter gefallen, weil es zuhause noch ein Kind gegeben hatte, um das sie sich kümmern konnte. Mit einem tiefen Seufzer legte sie ihre Materialien zur Seite. Auf einmal schien ihr alles so glasklar.

Doch nichts war klar. Alle nötigen Voraussetzungen für ein Leben außerhalb der Gebärmutter waren im Grunde erfüllt gewesen. Ein Frühstart hätte also funktionieren sollen, hatte aber nicht. Was war passiert? Sie wollte, nein, sie *musste* mehr wissen. Und dann fiel ihr Tante Luise ein, Mamas um viele Jahre jüngere Schwester, die ganz in der Nähe lebte, im Duisburger Norden, unweit der Stadtgrenze zu Dinslaken. Warum hatte sie nicht eher an ihre Tante gedacht? Ja, sie wusste warum. Der Kontakt zwischen ihnen beiden war schon länger eingeschlafen. Nicht böswillig, nein, sondern aus purer Nachlässigkeit.

Sicherlich hatte der anstrengende Schulalltag auf Hannas Seite mit dazu beigetragen. Immer wieder hatte sie sich vorgenommen anzurufen, dann war sie abends doch zu erschöpft gewesen, um sich dazu aufzuraffen. Und der Gedanke, dass Tante Luise geknickt sein könnte, weil ihre einzige Nichte sich nicht meldete, hatte das Zum-Hörer-Greifen für sie nicht leichter gemacht. Auch wenn sie sich einzureden versuchte, dass ihre Tante ebenfalls hätte anrufen können. Doch so denken nur Kindergartenkinder. Wenn du nichts von dir hören lässt, mache ich das eben auch nicht. Ätsch.

Es war, wie es war.
Sie musste anrufen und nachfragen.
Ob ihre Tante wusste, warum Heidrun nicht hatte leben dürfen.

Du, du liegst mir im Herzen

Meine liebe Heidrun!

Mittlerweile vergeht kaum eine Stunde, in der ich nicht an dich denke. Egal ob ich zuhause bin oder in der Schule, ob ich gerade im Supermarkt einkaufe oder mit Amy spiele. Am meisten beschäftigt mich die Frage, was bei unserer Geburt passiert ist. Irgendwann fiel mir ein, dass ich ja Tante Luise fragen könnte. »Einen ähnlichen Namen habe ich doch schon gehört«, mag dir beim Lesen durch den Kopf gehen, »war da nicht eine Louisa?« Heidrun, damit liegst du gar nicht falsch! Tante Luise ist nämlich Mamas jüngere Schwester. Und nach ihr hat Emma ihre eigene Tochter benannt.

Unsere Tante ist zwar schon über 80, aber für ihr Alter noch echt gut drauf. Mit Onkel Werner hat sie bereits Goldene Hochzeit gefeiert und beide leben ganz in unserer Nähe. Eigentlich müsste sie sich daran erinnern, wie alles damals gewesen ist. Denn Mama und sie sind immer ein Herz und eine Seele gewesen. Trotz (oder gerade wegen?) des großen Altersunterschiedes von 15 Jahren. Warum, warum bloß ist mir das nicht eher eingefallen?

Als ich über Tante Luise nachdenke, machen meine Gedanken einen ziemlich verrückten Sprung. Wie so oft in letzter Zeit. Wenn man sich den Himmel als großes Haus vorstellt, lebst du dann mit Mama und Papa auf derselben Ebene? Sozusagen Tür an Tür?

Falls das stimmen sollte, hast du sicherlich eine Menge über früher erfahren. Und du wirst sagen »Kenn ich alles schon!«, wenn ich damit loslege. Aber vielleicht ist es anders und ihr könnt, warum auch immer, nur wenig Kontakt zueinander haben.

Deshalb möchte ich dir heute von unseren Eltern erzählen. Damit du meinen Besuch bei Tante Luise besser einordnen kannst. Sie hat mich für morgen Nachmittag zum Kaffeetrinken eingeladen und ich werde ihr Löcher in den Bauch fragen …

Doch jetzt zu Mama und Papa. Womit fange ich nur an?

Im Grunde ist ja alles wichtig. Am besten, ich hole eins der alten Fotoalben hervor und beschreibe dir mal meine Lieblingsbilder.

Also hier könntest du Mama als kleines Mädchen beim Sonntagsspaziergang sehen, für den sie liebevoll herausstaffiert worden ist. Ihr Kleidchen mit dem Sommermantel hat unsere Oma Martha eigenhändig zugeschnitten und mit der Maschine genäht. Für fertig gekaufte Sachen hätte die Haushaltskasse nicht gereicht. Und weißt du noch was? Auf diesem Bild sieht Mama aus wie ein junges Kätzchen. Mit ihrer niedlichen Stupsnase, den leicht schrägen Augen und dem Bubikopf, der da gescheitelt ist, wo eine Mieze ihre Ohren hätte. Die anderen Kinder haben sie aber »Rotfuchs« genannt. Wegen der kastanienbraunen Locken. Ob ich Katzen deswegen so liebe? Komisch, darüber habe ich noch nie nachgedacht. Eine Kratzbürste, die ihre Krallen herausfährt, ist Mama aber nie gewesen. Nur ihren eigenen Kopf hat sie gehabt, wie ich es auch bei Amy jeden Tag beobachten kann. Wenn ich bloß daran denke, dass Mama mir partout nichts über dich erzählen wollte! Das fuchst mich schon.

Gibt es auch ein Kinderbild von Papa, wirst du dich jetzt fragen. Leider nein, diese Fotos sind im letzten Weltkrieg in Schutt und Asche versunken. Dennoch kann ich mir unseren Papa als Grundschüler gut vorstellen. Weil es eine Foto-Rarität gibt, die seinen Bruder in diesem Alter zeigt. Und weil die Familienähnlichkeit unter den Brüdern frappierend war, wird Papa wohl sehr ähnlich ausgesehen haben: kräftige dunkle Haare, die stets wie gebügelt wirkten, markante Augenbrauen und eine volle Unterlippe. Auch ich, Emma, Philipp und Louisa haben diese unverwechselbare Lippenform abbekommen. Du hast sie bestimmt ebenfalls geerbt. Guck doch mal in einen Spiegel! (Oder habt ihr so etwas nicht?)

Sicherlich bist du schon neugierig, wann und wo sich unsere Eltern kennengelernt haben. Auch hier muss ich dich enttäuschen, denn darüber haben sie nie gesprochen. Aber vom Fleck weg geheiratet wurde nicht. Wie sagt man so schön? »Drum prüfe, wer sich ewig bindet, ob sich nicht noch was Bess'res findet.« Um zu schauen, wie das so harmoniert, wenn man rund um die Uhr zusammen ist, sind beide vor der Hochzeit in den Urlaub gefahren. Was in den 50er Jahren nicht selbstverständlich war.

Dort hat Papa mal ausgetestet, ob Mama auch Spaß versteht. Als sie beim Sonnenbaden weggedöst war, hat er eine Streichholzschachtel auf ihren Po gestellt und einen Schnappschuss gemacht. Übel genommen hat Mama ihm das nicht, sonst hätten sie wohl kaum am 13.7.1957 geheiratet. Zwei Glückszahlen im Datum – das musste ja gut gehen! Hat es auch. Aber dann war Mama tot, mit nur 54 Jahren. Papa hat sie sehr vermisst und nie wieder geheiratet. Ein Vierteljahrhundert später ist er gestorben.

Klar, dass Mama und Papa auf ihrem Hochzeitsfoto in die Kamera lächeln! Wer tut das nicht an einem solch besonderen Tag? Doch bei allem Glück wirkt Mamas Gesicht eine Spur skeptisch, als überlege sie, was sich nun in ihrem Leben alles ändern werde. Papa hingegen strahlt wie ein Honigkuchenpferd.

Schwesterherz, ich ahne schon deine nächste Frage.

Warum haben sich unsere Eltern füreinander entschieden?

Wieder einmal kann ich nur spekulieren. Mama sah ja nicht nur gut aus, sie war auch lebenslustig und ist mit Vorliebe ausgegangen. Vielleicht hat sie im Kino »Ein Herz und eine Krone« gesehen. Eine Romanze, die letztens noch im Fernsehen lief. Gregory Peck, der den smarten Liebhaber spielt, hat mich sofort an Papa erinnert. Sogar das ausgeprägte Grübchen am Kinn haben die beiden gemeinsam. Ja, dieser Otto sieht aus wie ein Filmstar, mag Mama gedacht haben, als sie Papa kennengelernt hat.

Gegensätze ziehen sich bekanntlich an.

Und Papa war stets ein ruhiger Fels in der Brandung, jemand, auf den Mama zählen konnte. Erfahrungen mit anderen Männern hatte sie schon gesammelt. Und nicht nur positive. Eine Beziehung ging deshalb in die Brüche, weil sie aus einer Arbeiterfamilie stammte. Ob Papa seine Jugendliebe, die er 1945 in Ungarn zurücklassen musste, geheiratet hätte? Schwer zu sagen. Dass er eine Kriegsbraut hatte, habe ich nur durch Zufall erfahren. Jahre, nachdem er tot war. Aber das ist eine andere Geschichte, die mir jedoch gezeigt hat, dass unser Papa wohl sehr leidenschaftlich sein konnte. Stille Wasser sind manchmal tief.

Auf der Hochzeitsreise haben es unsere Eltern richtig krachen lassen. Und zwar im wahrsten Sinne des Wortes! In dem Gasthof, wo sie sich eingemietet haben, ist das Bett unter ihnen zusammengebrochen, das hat Papa mal erzählt. Kann sein, dass er damit ein bisschen übertrieben hat, schließlich hat er oft Späßchen gemacht. Wir sind ja »Sieben-Monats-Kinder« und wenn man vom Mai 1958 zurückrechnet, so müssen wir im November 1957 entstanden sein. Also erst einige Monate nach der Hochzeitsreise. Da haben Mama und Papa wohl noch geübt …

Regulär hätte unser Geburtstermin Anfang Juli liegen sollen. Immer noch habe ich keinen blassen Schimmer, warum wir beide Frühchen gewesen sind. Ob es nur daran lag, dass wir Zwillinge waren und der Platz in der Gebärmutter knapp wurde? Ich hoffe sehr, dass Tante Luise darüber mehr weiß als ich. Was ja nicht schwierig ist, wenn man – so wie ich - gar nichts weiß.

Alles, alles Liebe!
Von deiner Schwester Hanna,
die bis zum Gehtnichtmehr gespannt ist

Sechstes Kapitel

Zur Kaffeezeit sollte sie bei Tante Luise vorbeikommen. Ob es auch Kuchen geben würde? Vorsichtshalber ließ Hanna, als sie aus der Schule kam, ihren Mittagsimbiss ausfallen. Nicht noch mehr Kalorien! Auf Robert brauchte sie nicht zu warten, der hatte eine Lehrerkonferenz und würde erst im Laufe des Nachmittags eintreffen. Und beim Anblick der Herbstsonne, die durch die nach Süden gelegenen Fenster flutete, entschloss sie sich spontan, vorher einen Abstecher zum Friedhof zu machen. Im Blumenladen am Haupteingang wollte sie einen bunten Strauß für Tante Luise mitnehmen. Diese kam nämlich nie mit leeren Händen zu Besuch und hatte stets für alle eine Kleinigkeit dabei.

Am Grab vorbeizuschauen war keine schlechte Entscheidung. Sonst hätte Hanna nie gemerkt, dass die Grabkerze, ein Sonderposten aus dem Drogeriemarkt, vorzeitig ausgegangen war. Also besser das bewährte, teurere Öllicht nehmen und nicht am falschen Ende sparen, dachte sie. Und während sie noch überlegte, wie sie auf die Schnelle an eine neue Kerze kommen könnte (Wurden die nicht auch im Blumengeschäft verkauft?), zuckte sie plötzlich zusammen.

Direkt neben ihr krächzte eine heisere Vogelstimme.
Laut und deutlich. Und dann war es wieder mucksmäuschenstill.

Sie blickte zu der Buche hoch, deren ausladende Zweige weit über das Grab hingen und entdeckte einen großen schwarzen Vogel, dessen Gefieder wie gelackt in der Sonne glänzte. Das Tier hatte seinen Kopf schief gelegt, als wenn es neugierig sei, wen es da unten so erschreckt habe und blickte sie aus dunklen Augen wissend an. Ob das ein Rabe war? Zu ihrem Leidwesen kannte sich Hanna in der Vogelwelt nicht gut aus, auf Klassenausflügen war ihr das oft peinlich.

Verflixt, wo war nur ihr Handy abgeblieben? Sie suchte in der Handtasche, in der Jackentasche, bis ihr siedend heiß einfiel, dass es im Auto liegen könnte. Vor dem Aussteigen hatte sie noch schnell ihre *WhatsApps* gecheckt und dann das Mobiltelefon verärgert auf den Beifahrersitz geworfen. Weil keine Nachricht aus Japan darunter gewesen war. Also würde sie sich jetzt schnurstracks zu ihrem Auto begeben, um den Vogelton zu googeln. Und sie landete einen Volltreffer.

Den Begleittext über Raben wollte Hanna nur überfliegen - sie schmunzelte, als ihr die Metapher bewusst wurde - und war dann, entgegen ihrer Absicht, ganz darin gefangen. Rabenvögel seien überaus schlau, las sie, sodass man ihnen selbst das Sprechen beibringen könne. Und sie hätten einen Ruf als mystische Wesen, als Vermittler zwischen den Welten. Aha. Doch wirklich verwundert war Hanna nicht. Hatte sie insgeheim mit einer solchen Information gerechnet?

So herzklabastrig wie am heutigen Tag fühlte sie sich häufig in letzter Zeit - immer, wenn sie auf eine Spur gestoßen war, die sie zu Heidrun geführt hatte. Und als ob das noch nicht genug wäre, erinnerte sie sich auf einmal an ein Gedicht, an das sie ewig nicht mehr gedacht hatte. Es ging um einen Raben, der im Winter die Dorfbewohner um Futter anbettelte. Eigentlich war es nur eine Zeile, die in ihrem Kopf herumspukte: »Rab! Rab! Gebt mir doch auch einen Knochen ab!«

Hannas Vater hätte sich am liebsten einen Raben in einer Voliere gehalten, so sehr faszinierten ihn die gelehrigen Vögel. Ob er ihr deshalb dieses Gedicht vorgelesen und dabei die Stimme verstellt hatte? Sein sonores »Rab« war noch immer in ihrem Ohr. Dass ein Rabe heute in der Buche saß, mochte Zufall sein. Oder auch nicht. Dass er ausgerechnet dann, als sie vor dem Grab stand, drauflos krächzte, konnte ebenfalls Zufall sein. Oder auch nicht. Doch irgendwie kam es Hanna vor, als wenn der Rabe ihr etwas mitteilen wollte.

»Rab! Rab! Gleich wirst du etwas hören und das nicht so knapp!«, reimte es in ihrem Kopf. Tiere konnten hellsichtig sein. Schien nicht auch Amy gespürt zu haben, dass die Mail des Steinmetzes, in der es um die Lieferung des Gedenksteins ging, abgeschickt worden war?

Mit einer seltsamen Unruhe im Bauch startete Hanna den Wagen und würgte ihn sofort wieder ab. Ihre Hände waren kalt, dennoch schienen sie auf dem Lenkrad zu schwitzen. Schnell wischte sie ihre Finger an den Jeans ab und fuhr los. Der Rabenvogel im Kopf fuhr mit. Seine Prophezeiung, wenn es denn eine gewesen war, beschäftigte sie so sehr, dass sie gar nicht mehr an das Ersatz-Öllicht dachte, das sie hatte besorgen wollen. Und zum Haupteingang zu laufen, weil sie dort Blumen für Tante Luise kaufen wollte, hatte sie ebenfalls vergessen. Das kam ihr erst wieder in den Sinn, als sie an der Tür des Reihenhäuschens klingelte und auf ihre leeren Hände blickte.

Komm, lieber Mai und mache

Liebste Heidrun!

(Oder sollte ich »Liebste Hanna« schreiben?)

Was für ein Tag! Noch immer kann ich es kaum fassen …

Aber alles schön der Reihe nach: Zuerst haben wir Kaffee getrunken und Apfelkuchen gegessen. Das heißt, für mich, die keinen Kaffee mag, gab es natürlich einen Tee. Onkel Werner, der auch im Ruhestand politisch aktiv ist, hatte hinterher eine Sitzung im Rathaus. Was mir gut in den Kram passte, denn über früher wollte ich lieber mit Tante Luise unter vier Augen reden.

Als wir uns am Esstisch gegenübersaßen, musste ich unwillkürlich an Mama denken. Wie ähnlich sich die beiden sind! Immer fürsorglich und großzügig, aber auch ein wenig dickköpfig. Äußerlich hätte man sie wohl niemals für Schwestern gehalten. Mama habe ich als ziemlich groß und eher kräftig in Erinnerung, während Tante Luise klein und zierlich ist. Eher so wie ich.

Warum sie keine Kinder hat, weiß ich nicht. Vermutlich wollte sie unabhängig bleiben. Doch als Mama krank wurde, hat sie deren Rolle anstandslos übernommen. »Sollte es mit mir zu Ende gehen, Luise, wirst du dich dann um die Hanna kümmern? Es wird nicht einfach für sie sein, wenn ich nicht mehr da bin.« Ich weiß nicht, ob es so abgelaufen ist, aber ich könnte es mir gut vorstellen. Für Philipp ist unsere Tante tatsächlich zu einer »Ersatz-Oma« geworden.

Auf Tante Luises Eckbank habe ich wie auf heißen Kohlen gesessen. Das kannst du dir bestimmt vorstellen, Schwesterherz! Nach etwas Smalltalk, wie es der restlichen Familie gehe, konnte ich es einfach nicht mehr aushalten und bin mit meinen ersten Fragen herausgeplatzt. Und Tante Luise hat angefangen zu erzählen …

Mama und Papa hätten ja als frisch gebackenes Ehepaar noch nicht zusammenwohnen können, erinnerte sie sich. Sie und Onkel Werner, deren Hochzeit nur wenige Wochen später war, hätten die gleichen Probleme gehabt. Nach den Kriegsschäden habe man Wohnraum im Ruhrgebiet mit der Lupe suchen müssen, selbst mit einem Trauschein sei man auf langen Wartelisten gelandet.

Also hätte Mama, mit uns beiden als »Untermieterinnen«, bei unseren Großeltern gewohnt. Und Tante Luise auch. In der Kaiser-Friedrich-Straße, direkt neben dem Friedhof. In der geräumigen Dachgeschosswohnung habe es eine große Küche gegeben, ein Wohnzimmer, ein Schlafzimmer, ein Bad und ein Kinderzimmer mit Doppelbett, das sich Mama mit ihrer Schwester geteilt habe. Weil ein Fernseher erst später angeschafft wurde, habe man automatisch mehr miteinander geredet als heute. Wo in vielen Familien abends nur noch die Flimmerkiste laufe und Gespräche zu kurz kämen.

Man habe Mama damals als Spätgebärende eingestuft, denn die meisten Frauen bekamen ihre Kinder mit 25 Jahren und nicht erst mit 36 wie Mama. Sich von einem Gynäkologen betreuen zu lassen, sei zu dieser Zeit unüblich gewesen, stattdessen ging man zu praktischen Ärzten. Als Stenotypistin bei Gericht musste Mama nicht schwer körperlich arbeiten, dennoch habe sie sich nach Feierabend immer ausgeruht. Auf dem »Kanapee«, wie man das gemütliche

Küchensofa nannte. Ein lustiges Wort, findest du nicht auch? Auf diesem Sofa habe Mama ihre geschwollenen Füße hochgelegt, weil sie auch in der Schwangerschaft nicht auf ihre eleganten Stöckelschuhe verzichten wollte. Wer schön sein wolle, müsse eben leiden!

Während Mama sich dort entspannte, habe sie gelesen oder im Radio Opernsendungen eingeschaltet. Doch unser Opa Gustav sei wohl ein Kunstbanause gewesen und habe diesen »Radau«, wie er Mamas Lieblingsmusik bezeichnete, kurzerhand abgedreht. Zuhause hat er ein strenges Regiment mit seinen beiden Töchtern geführt, da sei ihm manchmal sogar die Hand ausgerutscht. Dass er gelegentlich etwas poltrig sein konnte, habe ich natürlich mitgekriegt, aber für mich war er der liebste Opa der Welt. Auch du hättest ihn sicherlich in dein Herz geschlossen! Und er dich.

Anfang Juli sollte es ja mit uns so weit sein.

Irgendwann vorher sei auch Papa zu unseren Großeltern gezogen, allerdings ohne Erlaubnis der Meldebehörde. Die Nachbarn haben wohl darüber hinweggesehen, Ärger gab es deswegen nicht. Hätte er noch weiter bei seinen Eltern gewohnt, wäre er im Fall der Fälle nicht erreichbar gewesen, denn niemand in der Familie habe damals einen Telefonanschluss besessen. Unsere Eltern hätten sich dann im Kinderzimmer einquartiert und sie, Tante Luise, habe auf dem Kanapee geschlafen. Ein Provisorium mit absehbarem Ende, schließlich hätten unsere Eltern endlich eine eigene Wohnung in Aussicht gehabt. Und zwar in Oberhausen-Osterfeld.

Sie könne diese Wohnung noch vor sich sehen, stöhnte Tante Luise. Wie dreckig und verwohnt die Räume von den Vormietern hinterlassen worden seien! An den Wochenenden habe man alles erstmal auf Vordermann bringen müssen. Mama sei ja, was Sauberkeit anging, äußerst pingelig gewesen, und so habe sie mit der Oma gründlich geputzt, während Papa und Opa tapeziert hätten. Doch beim vielen Scheuern und Wischen müsse sie sich übernommen haben, sodass Anfang Mai die ersten Wehen gekommen seien. Deshalb habe die Hausärztin strikte Schonung angeordnet. Sofa statt Schrubber. Natürlich habe Mama sich daran gehalten.

Was Tante Luise alles wusste!

Ich kann nur sagen, dass ich ihr förmlich an den Lippen geklebt und gehofft habe, sie würde niemals aufhören zu erzählen. Als ich von Mamas Schwangerschaftsproblemen erfahren habe, musste ich sofort an die neun Monate mit Philipp denken. Den Großteil dieser Zeit war ich im Krankenhaus – aus dem gleichen Grund wie Mama. (Doch zu sehr angestrengt habe ich mich nicht, bei mir lag die Sache anders. Das erzähle ich dir demnächst einmal.) Wenn man so zum Nichtstun verurteilt ist, fahren die Gedanken Karussell und man gerät ins Grübeln. Sicherlich wird Mama über die Familienfinanzen nachgedacht haben. Als Zwillingseltern würde man mehr als doppelt so hohe Ausgaben haben, aber nur noch ein einziges Gehalt. Kindergeld war erst ab dem dritten Kind vorgesehen.

Diese Rollenverteilung, dass der Vater arbeitet und die Mutter zuhause den Nachwuchs versorgt, wurde in den 50er Jahren nicht hinterfragt. Auch von Mama nicht, obwohl sie immer gerne berufstätig war. Von Papa weiß ich, dass sie sich ihre Rentenansprüche auszahlen ließ. Denn einen Haushalt zu gründen war früher und ist auch heute noch eine teure Angelegenheit. Gut, dass Mama ihre Rente nicht angespart hat! Sie hätte nichts davon gehabt.

Jetzt, Schwesterherz, beginne ich zu ahnen, warum wir zu früh auf die Welt gekommen sind. Denn die Wehen wollten nicht aufhören, sodass Mama ins Krankenhaus eingewiesen wurde. Wann das genau gewesen sei? Zwei Tage oder nur einen Tag vor der Geburt? Da musste Tante Luise passen. Aber Mama sei recht gefasst und das Klinikköfferchen schon fertig gepackt gewesen. Mit Erstlingswäsche in doppelter Ausführung und vorne zu knöpfenden Stillnachthemden. Aber ob unsere Mama wirklich so gelassen war?

Ich kann mir das kaum vorstellen. Wann immer ich bei Philipp vorzeitige Wehen bekommen habe, musste Valium her. Das hat uns beide ruhiggestellt. Und prompt habe ich mir neue Sorgen gemacht, weil der Ullige nicht wie sonst getreten hat. Erst eine Ultraschalluntersuchung konnte da Entwarnung geben. Wie muss sich unsere Mama gefühlt haben – ohne diese technische Möglichkeit, mal eben durch die Bauchdecke zu schauen, ob alles okay ist. Ach Heidrun, darüber mag ich lieber nicht nachdenken …

Als Tante Luise zu Ende erzählt hatte, war ich richtig geschafft, weil mir Mama so leidgetan hat. Das alles musste ich erstmal sacken lassen. Und Einzelheiten zu unserer Geburt, obwohl ich eigentlich brennend daran interessiert war, wollte ich auf einmal gar nicht mehr hören. Jedenfalls nicht in diesem Moment. (Oder ob ich Angst verspürt hatte, was da noch ans Tageslicht kommen würde?) Tante Luise hat Verständnis gezeigt und mir vorgeschlagen, unser Gespräch zu einem anderen Zeitpunkt fortzusetzen. Sie würde erneut in sich gehen und überlegen, wie das alles gewesen sei.

Aber halt, ich solle noch einen Moment warten!

Gerade eben sei ihr etwas Wichtiges eingefallen. Mama habe nie bezweifelt, dass sie zwei Mädchen bekommen werde. Folglich habe sie sich nur Mädchennamen überlegt. »Mach du das mal, Erna!«, habe Papa zu ihr gesagt, »du kannst so was besser als ich.« Die Erstgeborene sollte »Heidrun« heißen und die Zweite »Hanna«.

Auf dem Nachhauseweg hatte ich plötzlich das alte Familienstammbuch unserer Eltern vor Augen, das seit Papas Tod bei uns im Safe liegt. Und ich war mir ganz sicher, dass ich dort als »erstes gemeinsames leibliches Kind« eingetragen bin – und du als Kind Nummer zwei. Aber hätte ich dann nicht »Heidrun« heißen müssen? Und du »Hanna«?

Da habe ich am Seitenstreifen angehalten und eine Weile gewartet, bis das Herzklabastern abgeklungen war. Sonst wäre ich glatt gegen den nächsten Baum gefahren! Zuhause habe ich sofort das alte Stammbuch hervorgekramt. Und es stimmt wirklich! Ich, Hanna, bin um 9.03 Uhr geboren und du, Heidrun, um 9.06 Uhr. Aber warum heißen wir dann »umgekehrt«?

Sei von Herzen gegrüßt, liebe Heidrun (Hanna?)
von deiner Schwester Hanna (Heidrun?),
die völlig von der Rolle ist

Siebtes Kapitel

Als Hannas Eltern 1957 heirateten, bekamen sie, wie alle Ehepaare, nach der standesamtlichen Zeremonie ein Familienstammbuch in die Hand gedrückt, in dessen Anhang die gebräuchlichsten Vornamen aufgeführt waren. Hanna glaubte sogar, hinter ihrem Namen ein schwaches, irgendwann mal wegradiertes Bleistiftkreuzchen ausmachen zu können. *Heidrun* hingegen fehlte in der Namensliste.

Hanna und *Heidrun* – eine Alliteration.

War ihrer Mutter, die viel las, dabei dieser eher seltene Vorname untergekommen? Vielleicht hatte sie auch von Heidrun Goebbels gehört, der jüngsten Tochter des NS-Propagandaministers. Es mochte ihr nahe gegangen sein, dass das Mädchen und seine fünf Geschwister mit Zyankali-Kapseln vergiftet worden waren. An sich sei der Name *Heidrun* sehr schön, hatte Hannas Mutter vielleicht gedacht. Und das fand Hanna auch. Aus dem Internet wusste sie nun, dass er aus der nordischen Mythologie stammte und sich mit »die Geheimnisvolle« übersetzen ließ. Wie passend! So viele Geheimnisse würde es um ihre Schwester noch zu entschlüsseln geben, dachte Hanna. Warum man ihnen die falschen Vornamen verpasst hatte, war nur eins davon.

Doch sie wollte nicht unfair sein. Und so versuchte sie, sich das flaue Gefühl vorzustellen, das ihre Mutter im Magen verspürt haben mochte, weil sie ihren Mann bei der Anmeldung der Zwillinge nicht begleiten konnte. Für Wöchnerinnen galt strikte Bettruhe, auch Ausflüge in den Verwaltungstrakt waren nicht vorgesehen. Obwohl ihre Eltern die Namensgebung bestimmt zigmal durchgesprochen hatten, »Die Erste soll Heidrun und die Zweite soll Hanna heißen«, musste ihr Vater von der Situation komplett überrumpelt worden sein.

Eine unerwartet schwere Geburt – und nun lag eine der Töchter auf der Intensivstation, dem Tod näher als dem Leben. Das hatte er sich anders ausgemalt und in seinem Kopf ging es wie Kraut und Rüben durcheinander. Wie wollten wir unsere Erstgeborene nochmal nennen? War es Hanna? Oder war es nicht doch Heidrun? Und als der Verwaltungsangestellte seine Standardfragen abspulte, antwortete ihr Vater so, wie er dachte, dass es richtig sei. Wann ihrer Mutter wohl der Fehler aufgefallen war? »Otto, haben wir nicht …?« Aber was spielte es noch für eine Rolle, wer von den beiden tot war?

Nun hieß Hanna, wie ihre Schwester eigentlich heißen sollte. Für abergläubische Naturen, wie sie es war, eine unheimliche Vorstellung. Als wenn eine höhere Macht ihre Hand im Spiel gehabt und die Karten neu gemischt hätte. Um dafür zu sorgen, dass durch diese Verwechslung Heidrun in ihr, dem »Halbzwilling«, weiterleben durfte. Ob sie beide dadurch wieder zu dem Zwillingspaar geworden waren, das sie hätten sein sollen? Posthum sozusagen?

Im Gespräch mit ihrer Tante hatte Hanna noch eine Menge erfahren können. Für die Einweisung in die *Städtische Frauen- und Kinderklinik Duisburg* sei es höchste Eisenbahn gewesen, da die Wehen in immer dichteren Abständen aufeinander gefolgt waren. Und zunehmend heftiger. Für den obligatorischen Einlauf mit warmem Wasser habe die Zeit nicht mehr gereicht. Wenigstens dieses unangenehme Gegurgel in den Gedärmen und die langen Sitzungen auf der Stationstoilette waren ihrer Mutter erspart geblieben, dachte Hanna.

Kreißsäle – das waren damals kühle, bis in den letzten Winkel ausgeleuchtete Räume. Rein funktional. Ohne jegliche Spur der heimeligen Wohnzimmeratmosphäre, in der Philipp 39 Jahre später zur Welt kommen würde, im Beisein von seinem Papa und seiner Schwester Emma.

Beide hätten, wenn der Kleine im Jahre 1958 geboren wäre, keine Chance gehabt, das Familienereignis aus allernächster Nähe mitzuerleben. Selbst der werdende Vater musste damals auf dem Flur warten, wo er wie Falschgeld hin- und herlief. Und wo eine gestrenge Oberschwester ihn über den Stand der Dinge unterrichtete, ohne jedoch in unschickliche Details zu verfallen. Ein Kreißsaal sei kein Rummelplatz. Genau diesen Satz hatte Hanna erst kürzlich aus dem Mund eines Schauspielers gehört, der einen Chefgynäkologen in der *Charité* verkörperte. In der gleichnamigen historischen Fernsehserie.

Der Respekt ihres Vaters vor den Halbgöttern in Weiß war keineswegs blind und grenzenlos gewesen. Als er einmal selbst operiert werden sollte, teilte man ihm kurz vor dem Eingriff mit, dass der Arzt seines Vertrauens am heutigen Tage nicht im Hause weilen würde. Rasch nahm er seine Straßenkleidung aus dem Spind, zog sich an und verließ das Gebäude, denn so was könne man mit ihm, dem Privatpatienten, nicht machen - womit er wohl in die Klinik-Geschichte eingegangen sein dürfte. Aber sich bei Heidruns Geburt einzumischen? Das wäre für ihn sicherlich eine Überforderung gewesen.

Und erneut fragte Hanna sich, warum sie Tante Luise nicht doch auf ihre und Heidruns Geburt angesprochen hatte. Warum hatte sie nicht nachgehakt? Ja, warum nicht? Zu sehr war sie von den anderen Informationen überwältigt gewesen, um noch tiefer bohren zu können. Jetzt, mit etwas Distanz, würde es vielleicht gehen. Und sie rief bei ihrer Tante an. Beide beschlossen, diesmal nur am Telefon miteinander zu reden. Weil Hanna es sofort wissen wollte und nicht erst morgen oder übermorgen. Dass sie unter diesen Umständen auf den selbstgebackenen Kuchen würde verzichten müssen, war auch gut so. Der wäre ihr nämlich im Hals stecken geblieben.

Dass sie die Erstgeborene war, wusste Hanna ja schon. Dass sie problemlos herausgeflutscht war, ging fast an ihr vorüber. Denn das, was sie jetzt über Heidrun hörte, jagte ihr einen Schauer über den Rücken und verdrängte alles andere. Ihre Schwester habe zuerst mit einem Bein herausgewollt, erinnerte sich Tante Luise, ein winziges Füßchen und der Unterschenkel seien bereits zu sehen gewesen. Woraufhin der eilig herbeigerufene Arzt und die Hebamme sich angestrengt hätten, das vorwitzige Beinchen in den Bauch zurückzuschieben. Per Hand sollte Heidrun also in Schädellage gedreht werden. Letztlich wohl mit Erfolg - oder auch nicht. Denn die Kleine habe dabei zu viel Fruchtwasser geschluckt. Ganz blau verfärbt sei sie gewesen.

Auch Hanna musste schlucken, als sie sich diese schreckliche Szene vorstellte. Für einen Moment schien die Stimme ihrer Tante von weit her zu kommen, so als wenn einem plötzlich schwindlig würde. Erst als das Wort »Geburtsgewicht« fiel, horchte sie auf. Heidrun sei wirklich die Kräftigere von ihnen gewesen! Irgendwie war Hanna immer vom Gegenteil ausgegangen – *the survival of the fittest.* Doch sie, die läppische 1.500 Gramm auf die Waage brachte, hatte überlebt. Schon Philipp, der bei seiner Geburt immerhin fünf Pfund wog, war ihr unendlich fragil vorgekommen. Sich von ihm noch ein Kilo wegzudenken, schien ihr fast unmöglich. Was für eine Hand voll Baby Heidrun und erst recht sie selbst gewesen sein mussten!

Auch nach diesem Telefonat blieb das große Warum stehen.
Warum konnte man das Fruchtwasser nicht absaugen?
Und warum veranlassten die Ärzte keinen Kaiserschnitt?

Hanna musste unbedingt mit einem Mediziner über Heidruns unklare Todesumstände reden, auch wenn dieser nur auf Vermutungen angewiesen war. Doch in ihrem Bekanntenkreis gab es leider keinen

Gynäkologen. Sie selbst kannte nur ihren Dinslakener Frauenarzt. Ja, warum eigentlich nicht? Ihm, der sie seit vielen Jahren behandelte, vertraute sie. Hoffentlich würde er sich dazu bereit erklären. Er würde es. Und er würde es sogar unentgeltlich tun.

So erschien sie an einem Freitagmittag in seiner Praxis. Das Wartezimmer war wie leergefegt und sie verspürte das seltsame Gefühl, als ob etwas Wesentliches fehlte. Man hatte ihren Termin bewusst ans Ende der Sprechstunde gelegt, damit der Arzt sich Zeit für sie nehmen konnte. Alles heutzutage keine Selbstverständlichkeit mehr.

Hanna wurde in das Arbeitszimmer gebeten. Einen kleinen Moment noch, der Herr Doktor komme gleich, sagte die Angestellte zu ihr. Sich vor dem Arztgespräch nicht ausziehen zu müssen, war genauso ungewohnt für sie wie der weiche Ledersessel, in dem sie nun Platz nahm. Bisher musste sie immer auf dem sperrigen Untersuchungsstuhl sitzen. Und ihr Blick wanderte neugierig über die deckenhohen, prall gefüllten Bücherregale und den schlichten Schreibtisch - eine unaufdringliche Einrichtung, die gut zum Wesen des Gynäkologen passte. Ein kompetenter und ebenso sympathischer Mittfünfziger war er, für den seine Patientinnen nicht nur aus Geschlechtsorganen bestanden.

Was sie in dem Gespräch abermals bestätigt fand. Denn sie merkte, dass ihre Ausführungen nicht nur von medizinischer Seite auf Interesse stießen. Und dass die Empathie, die sie an ihm zu schätzen gelernt hatte, immer mehr die Oberhand gewann.

Ja, eine Beckenendlage wäre bei Zwillingen gar nicht so selten, da es im Uterus gegen Ende der Schwangerschaft recht eng würde und sich die Babys nicht mehr drehen könnten. Wahrscheinlich wäre eine *Sectio*, die damals nicht unüblich war, bei ihnen beiden die bessere Lösung gewesen. Ansonsten hätte man, nachdem sich das erste Bein gezeigt habe, auf das zweite warten sollen, um dann den Oberschenkel sowie den Babypo mit der Hand hinauszuführen. Eine sanfte Geburt trotz aller

Hindernisse. So habe er es in solchen Fällen praktiziert, als er noch Oberarzt im Krankenhaus gewesen sei. Aha.

Eine *Fruchtwasser-Aspiration* komme bei Frühchen nicht selten vor. Beim Schreien öffne sich der Kehlkopfdeckel, sodass durch den Unterdruck in der Lunge Fruchtwasser angesaugt und in die Atemwege gepumpt werde. Doch in den meisten Fällen führe das lediglich zu einem leichten Infekt, den die Neugeborenen nach wenigen Tagen überstanden hätten. Er vermute hingegen etwas ganz anderes. Womöglich sei die Nabelschnur abgedrückt und die Sauerstoffzufuhr zu lange gekappt gewesen, weshalb ihre Schwester diese typische Blaufärbung gehabt habe. Und all diese Faktoren könnten die Ursache für eine fatale Hirnblutung gewesen sein ...

In Hannas Kopf schrillten sämtliche Alarmglocken.

Heidrun - eine Hirnblutung???

Etwas Derartiges hatte sie noch nie in Erwägung gezogen. Hätte man sich da nicht auf eine Behinderung gefasst machen müssen? Der Arzt versuchte, seine Worte sorgsamst abzuwägen. Ob irgendwelche Vorerkrankungen bekannt gewesen seien? Nicht dass sie es wüsste. Aber was wusste sie schon über Heidrun?

Also, fuhr der Arzt fort, damit könne man möglicherweise eine Erklärung gefunden haben, warum ihre Schwester so schnell nach der Geburt verstorben sei. Übrigens, was das Gewicht anginge, würde er auf die 32. oder 33. Schwangerschaftswoche tippen.

Heute bekämen Eltern ihr totes Baby in den Arm gelegt, um eine Traumatisierung und das *Empty Nest Syndrom* möglichst gering zu halten. Und speziell ausgebildete Fotografen würden das Sternenkind, wenn gewünscht, für die Ewigkeit ablichten. Doch in den 50er Jahren sei man noch nicht so weit gewesen. Und Hanna erfüllte eine tiefe Wut auf die damalige Gesellschaft. Dass man ihren Eltern diese schwere Stunde nicht leichter machen konnte! Wie sie diesen Albtraum empfunden haben mochten, darüber wollte sie im Moment nicht nachdenken. Dazu war sie noch nicht in der Lage. Auf ihren allzu frischen Informationswunden musste sich erst eine Kruste bilden.

Heidrun hätte demnach leben können, wenn man in der Klinik auf Zack gewesen wäre. In diesem Moment spürte Hanna, dass sie persönlich den Ort in Augenschein nehmen musste, wo sie beide zur Welt gekommen waren. Und wo ihre Schwester nur wenige Stunden später gestorben war. Sie würde dieses Krankenhaus aufsuchen. Beziehungsweise das, was daraus geworden war.

Sie würde zur *Gerhard-Mercator-Universität* fahren.
Ohne Navi. Denn diesen Weg kannte sie im Schlaf.

Tsubasa wo kudasai

Liebste Heidrun!

Heute sollst du mich begleiten.
Wohin – das werde ich dir gleich erzählen.
Also hab' noch ein wenig Geduld!

Denn ich sitze noch in meinem Auto. Eigentlich müsste ich viel mehr auf den Straßenverkehr achten, aber meine Gedanken driften ständig ab. Zu dem, was ich von meinem Frauenarzt erfahren habe. Du hättest leben können und wir wären miteinander aufgewachsen! Ich raffe es einfach nicht …

In dieser Situation ist die Klaviermusik, die ich übers Handy hören kann, wie ein Pflaster auf meiner Seele. Hin und wieder schenkt mir Philipp eine Audio-CD, die er mit seinem e-Piano aufnimmt. Die Titel darf ich mir aussuchen, aber er fügt auch andere Stücke hinzu, mit Vorliebe unbekannte japanische. Das Talent zum Klavierspielen hat er eindeutig von Robert geerbt. Ich höre zwar gerne Musik, genau wie Mama es getan hat, und Papa und ich konnten Blockflöte spielen, aber das war es auch schon.

Gerade läuft »Tsubasa wo kudasai«.
Eine ganz wunderschöne, traurige Melodie. Übersetzt heißt dieser Titel »Bitte gib mir Flügel« und passt irgendwie zu dir. Zu einem

Engel, der auf einer »Wolke sieben« sitzt. Mit zwei weißen Flügelchen, wie man sich als Erdenmensch so ein Himmelswesen vorstellt. Ob das stimmt? Aber vielleicht sieht es dort oben ganz anders aus. Totaliter aliter. Wenn du es mir nur sagen könntest.

Noch immer habe ich dir nicht erzählt, wohin unsere Reise geht. Nun sollst du nicht länger auf die Folter gespannt werden. Wir fahren zur »Gerhard-Mercator-Universität« in Duisburg. Was diese Uni mit uns zu tun hat, wirst du bestimmt wissen wollen. Ich kann mich nur wiederholen: Ein bisschen Geduld, Schwesterherz!

Im Jahr 1928 wird die »Kinder- und Frauenklinik der Stadt Duisburg« eingeweiht, wo wir 30 Jahre später zur Welt kommen werden. Ein imposanter Bau, der wie eine alte Burg wirkt und im grünen Süden der sonst grauen Industriestadt liegt. Und nun lass uns einen Zeitsprung machen!

Und zwar ins Jahr 1972, als ich die 8. Klasse eines Dinslakener Gymnasiums besuche. 14 Jahre bin ich da alt. Zu dieser Zeit werden, um das Image des Ruhrgebiets aufzupolieren, fünf Gesamthochschulen gegründet. Auch in Duisburg soll eine entstehen. Nun rate mal, wo man den Grundstein dafür gelegt hat! Richtig! Ganz in der Nähe unserer Klinik. (Später wird man die Uni nach Gerhard Mercator, einem Duisburger Wissenschaftler, benennen.)

1977 hatte ich mein Abitur in der Tasche und wollte mit dem Lehramtsstudium anfangen. Und das wohnortnah. Nach Duisburg konnte ich mit dem Zug pendeln. So dachten wohl viele und es strömten immer mehr Erstsemester dorthin, sodass man bald mit den vorhandenen Räumlichkeiten nicht mehr auskam. Und wieder darfst du raten! In welches Gebäude hat man wohl einen Teil der Uni auslagern wollen? Genau – in unsere Klinik! Dafür musste diese aber geräumt und in einen anderen Stadtteil umgesiedelt werden.

Letztens habe ich in dem neuen Krankenhaus angerufen und nachgefragt, ob sich im Archiv noch Patientenakten von 1958 befänden. Leider ist die Aufbewahrungspflicht längst abgelaufen. Es wäre wirklich zu schön gewesen, dort etwas über dich zu finden.

Nun, liebe Heidrun, bin ich auf dem großen Parkplatz an der »Gerhard-Mercator-Universität« angekommen, der in den Semesterferien glücklicherweise recht leer ist. Natürlich weiß ich, in welche Richtung ich gehen muss. Bis zum LF-Gebäude ist es nicht weit. So heißt die ehemalige Klinik nämlich heute, wobei das »L« für das Uni-Gelände an der Lotharstraße steht. Für was das »F« stehen soll? Keine Ahnung. Selbstverständlich wurde das alte Gemäuer aufwändig renoviert und modernisiert, bevor wir Studenten einziehen konnten. Alle Wände bekamen einen frischen Anstrich, allerdings wieder in Weiß, sodass man die Klinikvergangenheit ahnen konnte. Es wäre nicht verwunderlich gewesen, wenn noch der Geruch von Lysol in der Luft gehangen hätte.

Zu meiner Zeit war hier das Fach »Psychologie« untergebracht, das einen Teil meines Lehramtsstudiums ausgemacht hat. Ob ich gewusst hätte, dass wir beide hier geboren seien, hat mich Tante Luise am Telefon gefragt. Klar wusste ich das, aber damals habe ich das nur am Rande registriert. Für vieles interessiert man sich wohl erst, wenn man älter geworden ist.

Was sehr, sehr schade ist.

Und nun stehe ich in der riesigen schmucklosen Eingangshalle des LF-Traktes. Überall Zettel mit Infos, wo was wann stattfindet – genau wie früher. Doch im Unterschied zu einst bin ich heute überwältigt. Wie in einer alten, geschichtsträchtigen Kathedrale komme ich mir vor, ehrfürchtig und von der Gegenwart weit entrückt.

Denn jetzt weiß ich, dass Papa am 10. Mai 1958 durch diese Halle geeilt ist. Vielleicht hat er kurz verschnaufen wollen und sich auf einen der Stühle im Wartebereich gesetzt. Und dabei die hohen Decken angestarrt, wie sie für Altbauten typisch sind. Dann wird er eine der beiden Treppen, die vom Erdgeschoss in die erste Etage führen, genommen haben. Immer eine Stufe überspringend, so wie es seine Art gewesen ist. Hastig und angstvoll zugleich.

Was wird mich bei Erna erwarten?
Und ob meine beiden Mädels schon auf der Welt sind?

Als ich Papas imaginären Schritten folge, sehe ich links eine Flügeltür, die in eine gesonderte Abteilung führt. Ob es dort zum Kreißsaal ging? Und ob an eben dieser Schwingtür für Papa Schluss gewesen ist? Bis hierher und nicht weiter? Ojemine, Heidrun! Als ich jetzt dort lang gehe, wird mir ganz schwer ums Herz.

Und alles läuft wie ein Film vor meinen Augen ab.

Es ist gegen neun Uhr abends, als jemand aufgeregt nach der Nachtschwester bimmelt. Irgendwas scheint irgendwo nicht in Ordnung zu sein. Mit gestärktem Häubchen auf den Haaren eilt Schwester Elise den Gang entlang, ihre flachen Gummiabsätze quietschen auf dem gebohnerten Linoleum. Schnelles Handeln ist angesagt. Ein Säugling stirbt! Du stirbst.

Natürlich frage ich mich, wie es dir in deinen letzten Minuten ergangen sein mag. Und was du vielleicht gesehen hast. Ist da eine schemenhafte Gestalt gewesen, die dich in den Himmel gelockt hat? Die dir weiße Flügel versprochen hat – so wie in dem Lied »Tsubasa wo kudasai«? Damit du dorthin fliegen konntest, wo es angenehm hell war und nicht so grell wie im Krankenhaus. Der Grund für solche Sinneswahrnehmungen könnte Sauerstoffmangel im Gehirn sein, das vermuten Wissenschaftler jedenfalls. Unter Sauerstoffmangel hast wahrscheinlich auch du gelitten, das nimmt mein Frauenarzt an, mit dem ich über deinen Tod gesprochen habe.

Nachdem die Nachtschwester alarmiert worden ist, war es wohl zu spät, einen Pfarrer herbei zu telefonieren. Also musste sie selbst bei dir die Nottaufe vornehmen: »Ich taufe dich im Namen des Vaters, des Sohnes und des Heiligen Geistes. Amen.« Und über dein Köpfchen wurde ungeweihtes Kranwasser gegossen. Schwester Elise Neumann ist, sogar mit vollem Namen, im Familienstammbuch unserer Eltern eingetragen.

Wo Papa wohl in diesem Moment gewesen ist? Ob er dabei sein konnte? Und was war mit unserer Mama – hat man sie aus ihrem Patientenzimmer dazu geholt? Im Rollstuhl, weil sie so kurz nach der Entbindung nicht laufen sollte? Wie schnell nach der Taufe du gestorben bist, lässt sich den Stammbuchseiten nicht entnehmen. Als Todeszeit ist 21.10 Uhr vermerkt. Das sind gerade mal zwölf Stunden, nachdem wir beide auf die Welt gekommen sind.

Inzwischen bin ich wieder zuhause und sitze oben an meiner Schreibplatte. Wo ich versuche, all das, was mir heute so durch den Kopf gegangen ist, in Worte zu fassen. Doch es fällt mir unglaublich schwer. Zudem ist an diesem Nachmittag kein einziger Sonnenstrahl zu sehen, was meine Stimmung zusätzlich verdüstert. Und es plästert ohne Unterlass. Als ob der Himmel ebenfalls weinen würde. Über das, was ich heute gesehen und mir vorgestellt habe.

Es umarmt dich
deine Schwester Hanna,
die sehr, sehr nachdenklich gestimmt ist

P.S.: Liebe Heidrun, etwas muss ich noch loswerden! Mittlerweile beherbergt das LF-Gebäude den Studiengang »Ingenieurwissenschaften und Informatik«. Philipp hat ihn absolviert, bevor er nach Japan abgedüst ist. Dort, wo ich den Kreißsaal vermute, könnte er sein Examen bestanden haben. Auch Emma war an der Duisburger Uni eingeschrieben, danach hat sie sich zu einer Ausbildung im Krankenhaus entschlossen. Und mehr als je zuvor bin ich davon überzeugt, dass es in unserem Leben keine Zufälle gibt …

Achtes Kapitel

Für den heutigen Nachmittag hatte sich Hanna bei der Diakonie der Stadt Duisburg angemeldet, die den Friedhof in Marxloh verwaltete. Gemeinsam mit Robert wollte sie die Kapelle aufsuchen, die normalerweise für Publikum nicht zugänglich ist. Natürlich könne sie sich in Ruhe sämtliche Räumlichkeiten anschauen, hatte man ihr am Telefon gesagt, das sei alles kein Problem. Doch sie solle nach 15 Uhr kommen, da man vorher noch eine Beerdigung angesetzt habe.

Robert und sie waren zeitig da. Und statt direkt das kleine Gotteshaus anzupeilen, schlenderten sie gemächlich über das Gelände und genossen das warme Spätherbstwetter. Während sich die tief stehende Sonne einen Weg durch die Wolken bahnte, hielt Hanna verstohlen nach einer bestimmten Wolke Ausschau. Einer besonderen Wolke. Mit zwei spitzen Öhrchen und einem stolz erhobenen Schwanz.

Leider suchte sie vergeblich.

Gestern hatte Amy eingeschläfert werden müssen. Ihre Amy, die fast wie ein Kind für sie gewesen war und mit der sie sich auf so mysteriöse Weise verbunden gefühlt hatte. Sie sah es noch genau vor sich, wie ihre Mieze zum ersten Mal neben ihr auf der Schreibtischplatte auftauchte und, nahezu schwerelos, über die Tastatur des Laptops huschte. Wo sie nicht nur weiche Härchen hinterließ, sondern auch kryptische Botschaften wie gadlJÖSGÄHPkl#ü. Nachrichten für Leser oder Leserinnen aus einer anderen Welt. Solche wie ihre Schwester Heidrun.

Noch vorgestern hatte Amy ohne Probleme auf die Kredenz und auf die oberste Etage ihres Kratzbaums springen können, gestern aber ging kaum noch was. Und die Tierärztin diagnostizierte einen Bandscheibenvorfall. Eine menschliche Patientin hätte man operiert und danach in eine mehrwöchige Reha gesteckt. Aber wie erklärt man einer Katze, mochte sie noch so intelligent sein, dass sie sich schonen müsse?

Die Spritze erschien als einzig richtige Lösung. Und eine von Hannas Urängsten war erneut Wirklichkeit geworden. Dass das Leben von jetzt auf gleich vorbei sein konnte. Aus die Maus. Oder aus die Amy, deren Pfoten so viele Spuren in die Herzen der Familie eingraviert hatten. Das Gefühl, dass die Verstorbenen sie von oben beobachten würden, hatte Hanna schon einmal auf dem Marxloher Friedhof verspürt. Ob auch Amys Katzenseele hoch über den Wolken schwebte?

Trotz alledem war Amys Tod eine bereichernde Erfahrung gewesen. Im Gegensatz zu damals. Als ihr Vater und Tante Luise meinten, Hanna sei noch zu jung für eine unmittelbare Begegnung mit dem Tod. Das war gut gedacht, aber schlecht gemacht. Und so musste sie, die sich mit siebzehn erwachsen genug für alles fühlte, auf dem Krankenhausflur warten. Wie bestellt und nicht abgeholt. Ihrem Vater war es 1958 ähnlich ergangen. Warum hatte er sich nicht daran erinnert, wie man sich in solchen Situationen vorkam? Wenn sie doch ihrer Mutter hätte »danke« sagen und ihr ein letztes Mal über die Wange hätte streicheln können! Ihr ganzes Leben lang würde sie diesen verlorenen Moment vermissen. Dass Amy am Ende in ihren Armen liegen konnte, hatte ihr das Abschied-Nehmen erleichtert. Ein klein wenig jedenfalls.

Mittlerweile waren Robert und sie vor der Kapelle angekommen. Die breite Tür aus massiver Eiche war weit geöffnet. Herzlich willkommen! Doch die Sonnenstrahlen blieben draußen. Mit einem klammen Gefühl betraten die beiden das kühle Gebäude, das sie sofort frösteln ließ. Hier also war der Trauergottesdienst für Heidrun abgehalten worden. Ungefähr 80 Quadratmeter schätzte Robert die Größe des Raumes ein, Pi mal Daumen, als Mathelehrer besaß er ein Auge dafür. Ob es hier grundsätzliche Umbaumaßnahmen gegeben habe, hatte Hanna bei ihrer telefonischen Anmeldung wissen wollen. Nein, eigentlich sollte der Innenraum im Großen und Ganzen so aussehen wie im Jahr 1958. Tat er aber nicht.

Denn die 14 Bankreihen, sieben auf jeder Seite, waren garantiert jüngeren Datums, weil sich auf dem hellen Eichenfurnier kaum ein Kratzer oder eine Kritzelei zeigte. Dem Holz fehlte die geheimnisvoll umwitterte Patina der Vergangenheit, wie man sie in sehr alten Kirchen oder anderen Gebäuden finden konnte.

Bei den blau-gelben Bleiglas-Fenstern könnte das Alter schon eher hinkommen, mutmaßte Hanna. Fünf Stück links, fünf Stück rechts. Und wenn man genau hinschaute, ließ sich in ihnen eine Landschaft erkennen. Ein Flussbett, an beiden Ufern mit Bäumen bewachsen, die den Blick in einen hohen Himmel freigaben. Mal war ein bisschen mehr Ufer zu sehen, mal waren die Bäume ein wenig versetzt. Und in alle Fenster hatte man schmale bräunliche Glassteine eingearbeitet, die ein Kreuz ergaben. Gut war das gemacht. Welcher unbekannte Künstler hier wohl am Werk gewesen war? Die Farbgestaltung, Ton in Ton, strahlte Ruhe aus. Das hatte Stil. Und war sehr würdevoll. Doch ob die Trauergäste überhaupt Sinn für diese Glaskunst gehabt hatten?

Im hinteren Teil des Innenraums erblickten Robert und Hanna ein schlichtes hölzernes Rednerpult. Der Blumenschmuck allerdings war Plastik pur. Mehrere Töpfe mit Lorbeerimitat sollten dort Leben vortäuschen, wo nur der Tod das Sagen hatte. Dieses künstliche Dunkelgrün schmückte auch die Leichenhalle, die eigentlich keine richtige Halle war. Es waren drei Zellen, hintereinander gelegen, zu denen man über einen seitlichen Korridor gelangte. Mit überbreiten Türen, die mit kleinen austauschbaren Schildern versehen waren. Wie in einer Schule, damit aus der Klasse 5a im Folgeschuljahr die 6a werden konnte.

An der mittleren der drei Türen hatte jemand einen weißen Notizzettel befestigt. Mit einem Namen und dem Datum des morgigen Tages. Aha, dieser Raum musste belegt sein, da wollten sie lieber nicht hineingucken! Aber an der Nachbarkammer gab es keinerlei Hinweise auf irgendwelche temporären Bewohner. Hoffentlich stimmte das, dachten sie, als sie die Klinke vorsichtig herunterdrückten. Nicht dass das Papier abgefallen war und ihnen ein bleiches Gesicht entgegenblickte! Also öffneten sie die Tür erstmal nur einen Spalt breit und linsten vorsichtig hinein. Doch alles, was sie sahen, war ein leerer Rollwagen. Also deshalb die ungewöhnliche Türbreite! Angenehm klimatisiert war es hier, damit die Leichen im Sommer wohl nicht zu früh hops gingen.

An einer dieser Türen musste damals ein Zettelchen mit »Mlodoch« und »12. Mai 1958« gesteckt haben. Plötzlich hatte Hanna wieder ihren Dachbodenfund vor Augen, den Auslöser ihrer Spurensuche. Gefühlte Ewigkeiten schien er zurückzuliegen. *Ein weißer Kindersarg mit Innenausstattung, Einsargen, Überführung und Aufbahrung in der Kapelle des Evgl. Friedhofs an der Kaiser-Friedrich-Straße* – so war es auf der alten Rechnung der Kirchengemeinde zu lesen gewesen.

Nicht zum ersten Mal wischte ein imaginäres Bild durch ihr Gehirn. Und sie sah das Gefährt aus schwarzem Metall erneut vor sich, doch jetzt stand ein kleiner Sarg darauf. Heidruns Sarg, wie für eine Babypuppe angefertigt. Ein Säugling, der in der 32. oder 33. Schwangerschaftswoche auf die Welt kam, war durchschnittlich 42 cm lang. Das war die Größe einer reifen Ananas mit ihren grünen Blättern. Gute drei Pfund mochte ihre Schwester damals gewogen haben, weniger als zwei Pakete Mehl. Kurzerhand gab sich Hanna einen Ruck und blendete das Bild aus. Und schwor sich, nie wieder den flapsigen Ausdruck, jemand habe Schuhe so groß wie ein Kindersarg, in den Mund zu nehmen.

Während Robert und sie erneut ihre Blicke in der Kapelle schweifen ließen, entdeckten sie vor dem Rednerpult einen weiteren Rollwagen. Vermutlich von der Trauerfeier, die gerade eben stattgefunden hatte. Das Pult war leer, seine Bibel und andere Skripte schien der Pfarrer mitgenommen zu haben. Welcher Text wohl für den 12. Mai 1958 ausgewählt worden war? Vielleicht ließ sich wenigstens der Name des Geistlichen herausfinden, dachte Hanna. Doch auf die Mail, die sie nachher an das Friedhofsamt schrieb, würde sie nie eine Antwort erhalten.

Ob man den Klassiker aus dem Lukas-Evangelium vorgelesen hatte? *Lasset die Kinder zu mir kommen*? Doch Jesus' Worte waren ihr immer wie blanker Hohn erschienen. Wer will sein Kind so früh hergeben, wer will es überhaupt hergeben – selbst wenn es in Gottes Reich soll?

Da klang die moderne Predigt, die Robert im Internet gesucht und gefunden hatte, um Lichtjahre besser. Gedacht war sie für ein kurz vor der Geburt verstorbenes Sternenkind. Mit Leerstellen, in die man den jeweiligen Namen einfügen konnte, was dann so aussehen würde:

> *… wie eine Sternschnuppe in klarer Nacht für einige, wenige Augenblicke den Himmelhorizont erleuchtet und dann unbemerkt seine Bahn weiterzieht, so ist Heidrun für uns ein flüchtiger Besucher, der unser Leben gestreift hat und nicht einzufangen oder festzuhalten war …*

Der Vergleich mit einer Sternschnuppe gefiel Hanna. Ein Teil des unendlichen Weltalls zu sein, der in die Erdatmosphäre eintritt und als heller Lichtstreifen über den Himmel flitzt. In jedem Sommer, also auch im Jahr 1958, sind solche Meteorströme am nordöstlichen Firmament unterwegs - die *Perseiden*. Ihr Name geht auf das Sternbild des *Perseus* zurück, weil es so scheint, als ob sie daher kämen. Aha.

Dass es in der Nacht vom 12. auf den 13. August regelmäßig besonders viel Kometenstaub regnete, wusste Hanna nicht. Sonst wäre sie an einem solchen Abend bestimmt auf die Terrasse gegangen und hätte einen Blick in den Nachthimmel riskiert. Um sich beim Anblick einer Sternschnuppe etwas zu wünschen.

Nur wenige trauernde Angehörige seien bei Heidruns Beerdigung gewesen, hatte Tante Luise ihrer Nichte erzählt. Oma Martha, die Großeltern Mlodoch und natürlich ihr Vater, während ihre Mutter noch in der Klinik lag. Die Vorstellung, nicht miterleben zu dürfen, wenn das eigene Kind begraben wird, war für Hanna dermaßen unerträglich, dass sie in diesem Moment, als sie in der Kapelle stand, nicht darüber nachdenken konnte. Und wollte. Später einmal, aber nicht jetzt.

Dass die Trauergemeinde so überschaubar war, schmerzte sie. Für eine Kinderbeerdigung habe es damals nur in Ausnahmefällen frei gegeben, das hatte sie ebenfalls von ihrer Tante erfahren. »Mein herzliches Beileid, Herr Mlodoch, zum Tod Ihrer Tochter. Selbstverständlich müssen Sie am Tag der Beerdigung nicht zum Dienst erscheinen.« Für Hanna hörte sich diese Regelung an, als wenn es einen Todesfall erster und zweiter Klasse gäbe, der die Werktätigen in der Familie ausgrenzte. Tante Luise, Onkel Werner und auch Opa Gustav hatten an diesem Tag arbeiten müssen. Für sie wurde keine Ausnahme gemacht.

Ungefähr 100 Schritte waren es von der Kapelle bis zu jenem Rhododendronbusch, wo Robert und Hanna Heidruns Grab ausgemacht hatten. Wenige Schaufeln Erde, wenige Hände voll Rosenblätter - und mehr als nur eine Träne, während das obligatorische *Vaterunser* gebetet wurde. Auch diese Szene spielte sich vor Hannas geistigem Auge ab. Seit Amy eingeschläfert worden war, wusste sie noch mehr, wie sich der Tod anfühlte. Kalt. Starr. Und so bitter.

Vor kurzem war ihr aus dem Briefkasten ein Kirchenblatt entgegengeflattert, das sie schon ins Altpapier hatte befördern wollen. Als ein *Katholisches Magazin für Lebensfreude* bezeichnete sich das Heftchen, was für sie einen Widerspruch in sich bedeutete. Mit den Katholen hatte sie es nicht so. Sie, die evangelisch Getaufte, assoziierte mit ihnen eher das Gegenteil - Lebensfeindlichkeit und Intoleranz gegenüber anderen Religionen, insbesondere dem Protestantismus. Auch wenn sie wusste, dass das nicht auf alle Katholiken zutraf.

Gut, dass sie das dünne Heft trotz ihrer Vorbehalte durchgeblättert hatte! Denn sie stieß darin auf den Bericht eines jungen Pfarrers, in dem er über Sternenkinder schrieb, die vor, während oder kurz nach der Geburt gestorben waren. Der schwerste Moment für ihn sei, sagte der Seelsorger, wenn er hinter einem kleinen weißen Sarg hergehen müsse. Für einen solchen Augenblick habe er nie eine Ausbildung erhalten. Diese andere Sichtweise gab Hanna sehr zu denken.

Nicht nur die Eltern würden an so einem Tag unsäglich leiden.

Memories

Meine liebe Heidrun!

Weißt du eigentlich, was »Rooming in« bedeutet?
Und hast du jemals von einem »Kuschelhormon« gehört?

Falls nicht – gleich wirst du mehr wissen! Denn heute bin ich deine Lehrerin und erzähle dir was über die Geschichte der Säuglingsforschung. Lange Zeit hat man angenommen, dass Babys im ersten Vierteljahr ihres Lebens kaum etwas von ihrer Umgebung mitkriegen. Wie ein unbeschriebenes Blatt hat man sie sich vorgestellt. Aber solche Winzlinge sind keinesfalls dumm und nehmen sehr viel mehr wahr, als man dachte. Das weiß man mittlerweile.

Man hat auch erkannt, welche wichtige Rolle soziale Kontakte spielen. Wenn sich eine Mutter innig mit ihrem Neugeborenen beschäftigt, entsteht im Gehirn des Kindes ein bestimmtes Hormon, das man »Kuschelhormon« nennt. Doch dazu müssen Mutter und Kind zumindest tagsüber im Patientenzimmer zusammen sein können. Und das ist beim »Rooming in« der Fall.

1958, als wir auf die Welt kamen, war das noch Zukunftsmusik. Da hat man Mamas und Babys getrennt voneinander untergebracht. Es könne ja zu lebensbedrohlichen Infektionen kommen, schließlich seien die Kleinen noch so empfindlich! Unsere Mama hatte also doppelt Pech, als sie auf der Entbindungsstation lag. Weder konnte sie bei deiner Beerdigung mit dabei sein, noch hatte sie mich in ihrer Nähe. Als sie dann entlassen wurde, musste ich zwei weitere Monate auf der Säuglingsstation verbleiben. Weil ich untergewichtig war und erstmal ordentlich zulegen sollte.

Um mich in der Klinik sehen zu können, hatten sich Mama und Papa an strenge Besuchszeiten zu halten. Nur zwei Nachmittage pro Woche waren erlaubt – stell dir das mal vor! Zu viel Trubel könne für die kleinen Patienten schädlich sein, hat man argumentiert. Und schließlich würden diese von hervorragend geschultem Personal versorgt. Es würde ihnen an nichts fehlen. Was für ein Quatsch, kann ich da nur sagen! Als ich in die Oberstufe kam, stand das Fach »Erziehungswissenschaften« neu auf dem Stundenplan. Dort habe ich zum ersten Mal von »Hospitalismus« gehört. Darunter versteht man psychische Beeinträchtigungen von Säuglingen und Kindern, die durch lieblose Behandlung entstehen - in Heimen oder auch in Krankenhäusern. Und dass diese fehlende Zuwendung sich noch Jahre später rächen kann, was mir irgendwie bekannt vorkam.

In dem Ratgeber »Mutter und Kind«, den sich Mama vor unserer Geburt zulegte und den ich wie einen Goldschatz hüte, bin ich auf eine unglaubliche Kapitelüberschrift gestoßen. Sie heißt »Die Wartung des gesunden Säuglings«. Wartung? Ich konnte es einfach nicht glauben. Babys sind doch keine Autos, die man zur Inspektion in die Werkstatt bringt! Aber hinterher ist mir eingefallen, dass man dieses Wort früher im Sinne von »Pflege« verwendet hat. Was schon eher passen würde, habe ich mir gedacht. Dennoch finde ich es, gelinde gesagt, ein Ding der Unmöglichkeit, dass ordnungsgemäß »gewartete« Kinder in einer Klinik nichts zu melden hatten.

»Sauber und satt, wie schön is datt«, aber es gibt noch andere Grundbedürfnisse. Wie oft habe ich wohl vergeblich auf Mamas tröstende Stimme gehofft? Stattdessen musste ich mich mit einer mehr oder weniger rigorosen Krankenschwester zufriedengeben. Mein Körpergedächtnis wird sich später tatsächlich daran erinnern. Doch ich will dich nicht unnötig schmoren lassen! Bestimmt willst du wissen, was da in mir gespeichert ist.

Nun ja, im Alter von zwei, vielleicht auch drei Jahren bin ich nachts regelmäßig aufgewacht und habe immer dasselbe gerufen: »Mama, in deinem Bett!« Ich höre noch deutlich, wie ich das »m« am Wortende betont habe, als wenn ich sagen wollte, in wessen Bett ich denn möchte. Vermutlich waren es die Dämonen von der Säuglingsstation, die mich verfolgt haben. Mama ist dann aus dem Elternschlafzimmer gekommen und hat mich ins Ehebett gepackt. Mein Gitterbett war nämlich ein hochmodernes Modell, das an zwei der Stäbe einen Federmechanismus hatte. Man konnte diese herausnehmen, damit ein Kind allein ins Bett und wieder herausklettern konnte. Oder auch nicht. Neben Mama bin ich sofort wieder eingeschlafen. Offensichtlich ohne Angstträume. Das war es wohl, was ich in der Klinik vermisst habe.

Während ich so über früher nachdenke und den Regen höre, wie er laut an die Scheiben klatscht, fällt mir noch was anderes ein. Vor einigen Jahren war ich bei einer »Seherin«. Über Roberts Schwester Renate hatte ich von ihr erfahren. Es hieß, dass sie durch Handauflegen Diagnosen stellen könne. Schon immer habe ich mich für übernatürliche Phänomene interessiert. Ich war so gespannt, so neugierig, was diese Frau über mich herausfinden würde! Daher hat es mich nicht gestört, dass ich diese Sitzung selbst bezahlen musste. Für die Krankenkasse war das schlichtweg »Hokuspokus« und wurde nicht erstattet. Es wäre jammerschade gewesen, wenn ich es deswegen nicht gemacht hätte!

Dazu musst du wissen, Schwesterherz, dass Renate vorher keine Details über mich und mein Leben ausgeplaudert hatte. Die Seherin wusste also rein gar nichts über mich, als ich auf ihrer Couch lag. Mit beiden Händen ertastete sie meinen Körper. Und sehr, sehr langsam, als wenn eine unsichtbare Macht ihr den Text diktieren würde, sprach sie von gravierenden Verlusten, die ich als Säugling erlitten haben müsse. Da sei so eine enorme Unruhe in mir, die könne sie förmlich spüren. Wie Elektrizität. Erst danach habe ich der Seherin von dir erzählt. Und von meinem langen Aufenthalt in der Kinderklinik. Sie nickte nur. Als ob sie das längst wüsste, weil sie es in mir wahrgenommen hatte.

Dass die Monate, die ich mit dir in Mamas Bauch verbracht habe, immer noch in mir präsent waren, hat mich ziemlich überrascht. Damit habe ich nicht gerechnet! Heute, da ich bereits eine Menge über dich weiß, wundert mich das gar nicht mehr. Eineiige Zwillinge sind im Mutterleib nicht nur körperlich, sondern auch seelisch verbunden. Bestimmt habe ich instinktiv gemerkt, dass du auf einmal nicht mehr da warst. Und nie mehr da sein würdest.

Blöderweise habe ich mich damals nicht mit der Diagnose der Seherin auseinandergesetzt. Denn zu dieser Zeit war ich gerade in den Schuldienst eingestellt worden. Da war so viel Neues, an das ich mich gewöhnen musste. Wie leitet man eine eigene Klasse? Wie konzipiert und bewertet man Klassenarbeiten? Und so weiter. Du siehst, ich war bis über beide Ohren mit Arbeit eingedeckt und habe diese Sitzung aus den Augen verloren. Erst jetzt weiß ich, wie sehr die Seherin ins Schwarze getroffen hat und dass sie die Erinnerung an dich schon damals ins Hier und Jetzt zurückgeholt hat. Und das soll »Hokuspokus« sein? Nie im Leben!

Gerne hätte ich diese Frau erneut kontaktiert, doch sie ist leider an Krebs verstorben. Das hat mir Renate erzählt. Manchmal macht man Fehler, die hinterher nicht mehr ausgebügelt werden können …

Fühl dich ganz fest gedrückt von
deiner Schwester Hanna,
die deine Gegenwart immer noch in sich spüren kann

P.S.: Beim Schreiben der letzten Zeile habe ich gemerkt, dass sich das Weltuntergangswetter verzogen haben musste. Keine Regentropfen mehr auf den Fenstern. Um mich davon zu überzeugen, habe ich in den Garten geschaut und einen wunderschönen Regenbogen am Horizont gesehen. Wie von dir für mich bestellt. Ja, warum nicht? »Somewhere over the rainbow, skies are blue, and the dreams that you dare to dream, really do come true …«

So vieles auf der Welt kann man mit dem Verstand nicht erklären.

Neuntes Kapitel

Die Zeit heilt alle Wunden. Das sagte man jedenfalls.

Hanna wusste, dass ihre Mutter schon als junge Frau begonnen hatte, Lebensweisheiten in einer Kladde zu notieren. Ob auch diese Worte darunter gewesen waren? Dummerweise, und dafür könnte sie sich jetzt in den Hintern beißen, hatte sie das Heft irgendwann entsorgt.

Was ihre Mutter wohl zu diesem Spruch gesagt hätte? Hätte sie zugestimmt? Oder vehement den Kopf geschüttelt? Aber was wusste Hanna darüber, woran ihre Mutter gedacht haben mochte, als sie ihr Schränkchen im Krankenzimmer leerräumte. Als sie die Nachthemden, die sie getragen hatte und die unbenutzte Babywäsche in der Reisetasche verstaute. Heidrun konnte sie ja nicht tragen und Hanna auch nicht, da sie Wäsche von der Frühchen-Station bekam. Im Frühjahr, als ihre Mutter das Köfferchen zusammengepackt hatte, war sie voll guter Hoffnung gewesen. Und jetzt blieb ihr nichts anderes übrig als auf die Heilkraft der Zeit zu vertrauen. Oder auch nicht.

Hannas Tochter Emma war im Krankenhaus-Management tätig und kannte sich gut aus. »Mama, ich glaube, deine Mutter muss ungefähr zwei Wochen auf der Entbindungsstation zugebracht haben«, klärte sie Hanna auf. So lange hätten Frauen üblicherweise im »Wochenbett« gelegen, wie man damals die Regenerierungsphase nach der Geburt nannte. Auch wenn diese nach 14 Tagen natürlich lange nicht abgeschlossen war. Nach diesen Infos googelte Hanna sogleich drauf los. Und fing an zu rechnen …

Heidrun und sie waren an einem Samstag zur Welt gekommen. Also musste ihre Mutter um den 23.05.1958, einem Freitag, die Frauenklinik verlassen haben. Danach kam Pfingsten – und an Wochenenden sowie an Feiertagen wurde nur selten entlassen. 50 Jahre später wäre dieser stationäre Aufenthalt deutlich kürzer ausgefallen. Nicht allein des medizinischen Fortschritts wegen, sondern weil Krankenhäuser nur noch pauschalierte Verweilzeiten abrechnen konnten. Weshalb niemand länger als notwendig ein Klinikbett belegen durfte.

Nach zwei Wochen endlich zuhause zu sein! Wie ihre Mutter das genossen haben mochte! Auch wenn das Zuhause noch nicht die eigenen vier Wände waren, sondern die Wohnung von Hannas Großeltern auf der Kaiser-Friederich-Straße. Wo der ungewohnte Alltag, *mit ohne* Kind, Mama vor neue Herausforderungen stellte. Im Krankenhaus hatte man ihr bestimmt eingetrichtert, Muttermilch sei als Säuglingsnahrung nicht zu toppen. Von der attraktiven Verpackung mal ganz abgesehen, wie Robert einmal schmunzelnd zu Hanna sagte.

Ob ihre Mutter, als sie noch stationäre Patientin war, Zutritt zur Frühchen-Station erhalten hatte, damit sie dort stillen konnte? Was für beide Seiten die beste Lösung gewesen wäre, denn nichts ging über direkten Körperkontakt. Und sie dachte an das *Bonding*. Oder hatte Mama schon in der Klinik abpumpen müssen? Zuhause würde sie nicht daran vorbeikommen, wenn sie kein Milchpulver verwenden wollte. Und das kam wohl nicht in die Tüte beziehungsweise ins Fläschchen.

Von Tante Luise wusste Hanna, dass ihre Mutter in der Apotheke eine Milchpumpe ausgeliehen hatte. Ein Zuckerschlecken sei das Abpumpen nicht gewesen, doch ihre Mama habe nicht gejammert. *Wat mutt, dat mutt.* Ob die Milchbildung noch auf Zwillinge programmiert war? Jedenfalls sammelte sich im heimischen Kühlschrank eine Batterie von Glasfläschchen an. Hanna würde später für ihre eigenen Kinder nur unkaputtbare Plastikflaschen verwenden. Und sie fragte sich, wie die Milchfläschchen wohl damals aussahen. Ob sie auch mit einem praktischen Schraubdeckelverschluss ausgestattet waren?

Mal wieder nahm sie den Baby-Ratgeber ihrer Mutter zur Hand. Wo sie schnell fündig wurde – die abgebildeten Babyfläschchen, natürlich nur aus Glas, wurden allesamt mit einem Bügel verschlossen, wie sie ihn von manchen Biersorten her kannte. Aha. Und sie erfuhr außerdem, dass schon früher Sauger aus Kautschuk auf dem Markt gewesen waren, die den Kleinen das Trinken erleichtern sollten. Die Produkte der Marke *NuK, natürlich und kiefergerecht,* hatten 1956 Einzug in den Fachhandel gehalten und waren später auch von Hanna gekauft worden. Es ging eben nichts über altbewährte Qualität.

Wie die Muttermilch ins Krankenhaus gekommen war, wusste sie ebenfalls von Tante Luise. Ihre Mama sei mit der Straßenbahn dorthin gefahren. Die Milchflaschen transportierte sie in einer stabilen Einkaufstasche, die sie zuvor mit Geschirrtüchern ausgepolstert hatte, damit die fragile Fracht die ruckelige Bahnfahrt überstehen würde. Auch Hanna kannte diesen Weg. Als sie an der *Gerhard-Mercator-Universität* studierte und noch kein eigenes Auto besaß, war sie oft mit jener Linie 1 dorthin gefahren. Also bis ganz in die Nähe der Klinik. Glücklicherweise fuhr die Bahn durch. Doch der kleine Fußmarsch entlang der Lotharstraße konnte, je nach Wetterlage, anstrengend werden.

Nicht nur der Mai, auch der Juni 1958 geizte nicht mit frühsommerlichen Temperaturen. Da fühlte sich eine Tasche mit Glasfläschchen schon schwerer an als sonst. Auch das wusste Tante Luise zu berichten: Langsam, aber sicher sei Hannas Gewichtskurve geklettert. Leider wohl eher langsam, denn sie war eine schlechte Trinkerin. Was ihre Mutter manchmal an den Rand der Verzweiflung gebracht hatte.

Zwei Monate Kinderklinik waren eine lange Zeit.

Und Hanna stellte sich vor, wie ihre Mutter in freudiger Erwartung, aber auch mit einem mulmigen Gefühl im Magen, das Krankenhausgebäude betreten haben mochte. »Hoffentlich hat die Kleine wieder ein paar Gramm zugenommen! Und hoffentlich ist nichts passiert und hoffentlich …« Sie schien erst zuversichtlicher zu werden, als eine nette Hebamme ihr sagte, um das Töchterchen müsse sie sich nicht sorgen. So was habe man nach jahrelanger Berufserfahrung im Blut, die kleine Hanna sei zäh. Diese beruhigenden Worte würde ihre Mutter zeitlebens im Gedächtnis bewahren. Auch Hanna sollte diesen Satz in sich speichern. Als Mantra, wenn es ihr nicht so gut ging. *Du bist zäh.*

Doch was war mit den Gedanken an Heidrun, nun, da ihre Mutter aus der Klinik entlassen worden war? Es konnte doch nicht sein, dass der Alltag in der Kaiser-Friedrich-Straße die Trauer um sie bereits aufgefressen hatte. An die dortige Wohnung, direkt unterm Dach, konnte sich Hanna gut erinnern. Der Mittelpunkt war die geräumige Küche gewesen, in der gegessen, gespielt, gemalt, vorgelesen und sogar geschlafen wurde. Problemlos hätte sie auch heute noch einen Grundriss anfertigen und das damalige Mobiliar hineinzeichnen können: links einen Schrank mit Vitrinenaufsatz, dahinter das Kanapee, in die Ecke den Kohleherd und an die Stirnseite einen weiteren Schrank. Und rechts daneben das Schrägfenster - mit Ausblick auf den Friedhof. Dort hatte man Heidrun am 12. Mai 1958 beerdigt.

Und Hanna sah ihre Mutter vor sich. Wie sie an eben diesem Fenster gestanden haben mochte, in graue Gedanken versunken. Aber im Grunde wollte sie sich das gar nicht ausmalen. Ein Kind zu verlieren, das sieben Monate lang in einem gelebt hatte, war schlimm genug. Und dann beim Begräbnis nicht dabei sein zu können – nein, das wollte sie sich eigentlich nicht vor Augen führen. Dann stellte sie sich schon eher vor, wie ihre Oma Martha, die diese Szene beobachtete, vom Tisch aufstehen und leise von hinten an ihre Tochter herantreten würde. Und wie sie ihr liebevoll die Arme um die Taille legte.

»Erna«, sagte die Oma in Hannas Kopf, »ich weiß, wie schwer das für dich und den Otto sein muss. Aber da ist ja noch eure Hanna! Für sie musst du stark sein!« Wenn das Herz blutet, tut Ablenkung gut.

Auf einmal fielen Hanna die Gardinen ein, die sie auf dem Speicher entdeckt hatte. Vorhänge im Design der 50er Jahre, die sie von den alten Fotos her kannte. Ob sich ihre Mutter in Arbeit gestürzt hatte, um den Greifzangen der Vergangenheit zu entfliehen? Und ob sie nun mit der altertümlichen Nähmaschine, die Oma Martha gehörte, für die neue Wohnung in Oberhausen-Osterfeld Küchengardinen anfertigte? Denn alles sollte bald schön wohnlich sein, damit man endlich einziehen konnte. *Trautes Heim, Glück allein*. Glück? Ohne Heidrun?

Würde das überhaupt gehen?

Auch das Großreinemachen der versifften Räumlichkeiten konnte ihre Mutter nun wieder aufnehmen. Jetzt brauchte sie sich ja nicht mehr zu schonen. Hanna wusste, dass sie nur ungern putzte. Egal, jetzt würde sie es mit Kusshand tun. »Bloß nicht zu viel nachdenken«, mochte sie sich gesagt haben, »bloß nicht ins Grübeln kommen.« Und mit jedem Weg-Wischen würde ein bisschen mehr von Heidrun in der Versenkung verschwinden. Bis die tote Tochter hermetisch in den Tiefen der Erinnerung eingeschweißt war. Eine Wunde, an der niemand rühren sollte. Denn sie könnte erneut aufreißen und bluten. Herzblut.

Manchmal gehen die Mechanismen eines Gedächtnisses wundersame Wege. Denn wie aus heiterem Himmel kam Hanna eine Episode in den Sinn, die ihr gänzlich entfallen war. Für lange Zeit jedenfalls. Nach einer Unterleibsoperation lag ihre Mutter auf der gynäkologischen Station des örtlichen Krankenhauses und teilte sich das Zimmer mit einer Türkin, die gerade entbunden hatte. Auch bei dieser Frau war der Katzenjammer nachgeliefert worden, denn ihr Baby hatte, nach

Komplikationen bei der Geburt, in eine Duisburger Spezialklinik verlegt werden müssen. Die eigene Mutter dieser Türkin lebte nicht in Deutschland, sodass sich Hannas Mama ein wenig in die Pflicht genommen sah und der jungen Sefye, die viel weinte, Trost und Mut zusprach. Schließlich konnte sie nur allzu gut nachempfinden, wie hilflos man sich in einer solchen Situation fühlte. Sie notierte sogar Name und Adresse, doch ein späterer Kontakt war wohl nicht zustande gekommen.

Nein, an Empathie hatte es ihrer Mutter wahrlich nie gemangelt, das wurde Hanna in diesem Moment schlagartig klar. Schon gar nicht an Liebe zu Heidrun. Und sie erkannte, dass das barsche »Basta« offensichtlich nur eine Selbstschutzmaßnahme gewesen war. Bis hierhin und nicht weiter! Plötzlich fühlte sie so etwas wie Verständnis in sich aufkeimen. Verständnis für ihre Eltern. Und besonders für ihre Mutter. Dafür, dass sie ihr kaum von Heidrun erzählen wollte. Auch wenn sie, Hanna, vielleicht anders gehandelt hätte. Aber wer konnte schon wissen, wie man sich irgendwann verhalten würde?

Doch eines wusste Hanna nun.
Manche Wunden heilt die Zeit eben nicht.

Spieglein, Spieglein an der Wand

Liebste Heidrun!

Vieles von dem, was ich dir bisher erzählt habe, ist ganz schön traurig gewesen, nicht wahr? Und ich wette, Schwesterherz, dass du zur Abwechslung mal etwas Lustiges von mir hören möchtest. Denn Lachen ist gesund, hat unsere Mama oft gesagt.

Weißt du, was »einäugige« Zwillinge sind?

Dieses Wort habe ich verstanden, als die Erwachsenen einmal über uns gesprochen haben. Natürlich haben sie »eineiig« gesagt, aber damit konnte ich nichts anfangen und habe mir deshalb eine eigene Erklärung zurechtgelegt. Für mich gehörten Eier nämlich in den Kuchenteig oder auf den Frühstückstisch. Und ich hatte keinen blassen Schimmer, was so ein Hühnerei mit Zwillingen zu tun haben könnte. Du musst dich verhört haben, Hanna, habe ich mir gedacht, die Großen haben bestimmt »einäugig« gesagt. Obwohl das ein ebensolcher Mumpitz gewesen wäre. »Einäugige« – das sind ja Zyklopen! Doch griechische Sagen, in denen diese Fabelfiguren vorkommen, habe ich erst auf dem Gymnasium gelesen. Warum das Wort »einäugig« über all die Jahre in mir hängen geblieben ist, weiß ich nicht. Wahrscheinlich weil es so lustig klingt …

Wenn ich an dich schreibe, sitze ich meistens oben im Arbeitszimmer. Auf meiner Arbeitsplatte stapeln sich im Moment die Klassenarbeiten. Warum musste ich mir bloß zwei Korrekturfächer aussuchen? Also bin ich eine Etage tiefer gewandert, ins Esszimmer. Und wie ich so um mich blicke, fallen mir der verwaiste Kratzbaum und das Körbchen mit dem Katzenspielzeug auf.

Amys körperliche Abwesenheit ist überall spürbar. Denn sie lebt nicht mehr. Ob es einen Katzenhimmel gibt? Vielleicht. Aber lieber stelle ich mir vor, dass sie bei dir im Himmel angekommen ist. Und wie irritiert sie gewesen sein mag, als sie dich zum ersten Mal wahrgenommen hat. Miau! Diesen Geruch kenne ich doch! Und dann sieht diese Zweibeinerin genauso aus wie meine Menschenfreundin. Das ist ja eigenartig! Aber Katzen sind ja schlaue Tiere, Amy wird sich schon ihren eigenen Reim darauf gemacht haben.

Und jetzt, liebe Heidrun, muss ich an den Tag zurückdenken, als wir unsere Katze aus dem Tierheim abgeholt haben. Es dauerte nicht lange, bis sie ihr neues Revier erkunden wollte. Auch das Schlafzimmer, wo unser großer Kleiderschrank mit den Spiegeltüren steht. Plötzlich hörten wir ein jämmerliches Miauen. Was meinst du wohl, was los gewesen ist? Amy stand vor dem Schrank und maunzte ihr Spiegelbild an. Unendlich enttäuscht. Warum dieser »Artgenosse«, den sie doch so deutlich vor sich sehen konnte, nicht mit ihr »spielen« wollte? Ich war richtig gerührt und musste mir ein paar Tränen abwischen, so leid hat sie mir getan!

Im Internet habe ich gelesen, dass »einäugige« Zwillinge, wenn sie klein sind, mit Vorliebe in den Spiegel schauen. Weil sie im Spiegelbild ihr Geschwisterchen zu sehen glauben. Amy hat die Spiegel-Katze ebenfalls für einen echten Spielgefährten gehalten. Auch ich liebe Spiegel. Und das wohl nicht ohne Grund.

Auf meinen Wunsch hängen bei uns im Haus überall welche - auch neben dem Esszimmertisch, an dem ich gerade sitze, so dass ich mir beim Schreiben zugucken kann. Emma sagt immer, ich würde an keiner Schaufensterscheibe vorbeigehen können, ohne einen Blick hineinzuwerfen. Was sie natürlich nicht böse meint, aber wo sie Recht hat, hat sie Recht. Spiegel und alle glänzenden Flächen, in denen ich mich sehen kann, ziehen mich magisch an.

Als Mädchen habe ich oft zu hören gekriegt, ich solle nicht so eitel sein. Das hätte bei der bösen Königin in »Schneewittchen« auch kein gutes Ende genommen. Aber diese Ermahnung habe ich wohl geflissentlich überhört, denn als »uneitel« kann man mich beim besten Willen nicht bezeichnen. (Nur im absoluten Notfall würde ich ungeschminkt und unfrisiert aus dem Haus gehen!) Mama hat mir mal gesagt, bei einem Menschen käme es auf die inneren Werte an. Doch so ganz habe ich ihr das nicht abgenommen. Wie soll man denn auf diese versteckten Werte aufmerksam werden – wenn nicht durch ein attraktives Aussehen? Eigentlich logisch. Ein bisschen Schönheit kann also nicht schaden. Ein bisschen Eitelkeit daher auch nicht. Oder wie siehst du das?

Wie ich nun an meine Spiegel-Verliebtheit denke, kommt mir ein Gedanke, der mir so noch niemals gekommen ist. Was wäre, wenn auch ich, genau wie Amy, jemanden im Spiegel suche? Wenn ich, schon immer, unbewusst dort jemanden gesucht habe? Und wer sollte das sein, wenn nicht du? Dieser Gedanke, Schwesterherz, haut mich um. Bist du mein echtes lebendiges Spiegelbild?

Als »einäugige« Zwillingsschwestern sind wir ja genetisch gleich. Unser Aussehen und unsere Vorlieben müssten daher sehr ähnlich sein. Soeben habe ich mich ganz bewusst im Spiegel angelacht und mir vorgestellt, dass du es bist, die mir da entgegenlacht. Ein schmales Gesicht mit mädchenhaften Zügen. Na gut, so ganz passen meine Haare nicht mehr dazu, denn die blondierten Strähnchen kriegen immer mehr grauen Zuwachs. Forever young? Schön wär's! Doch meine Alterserscheinungen schminke ich einfach weg. Wenn Louisa und Fabio bei uns übernachten, schaut meine Enkelin mir zu, wie ich mich morgens zurechtmache. »Oma, du siehst aus wie eine Geheimagentin«, hat sie neulich bewundernd zu mir gesagt. Deine Hanna als Komplizin von James Bond! Wow, kann man, wenn man über 60 ist, ein tolleres Kompliment bekommen?

Zu meinem täglichen Styling gehören Ohrringe mit dazu. Ich liebe es, wenn sie richtig lang sind und so herrlich herunterbaumeln. Und wenn man den Kopf bewegt, bewegen sie sich mit. Früher hätte mir Mama solche Ohrhänger nicht erlaubt, weil man sich beim Kämmen darin verhaken und tüchtig weh tun könne. Als sie selbst ein kleines Mädchen war, ist ein Friseur mit einem Kamm in einem ihrer Ohrringe hängen geblieben und hat ihr das Ohrläppchen aufgerissen. Danach hat sie nie wieder so was getragen.

Erst nachdem Mama tot war, habe ich mir Ohrlöcher stechen lassen. Anfangs konnte ich mir nur preiswerten Modeschmuck leisten, doch seit einiger Zeit beschenke ich mich zu Weihnachten mit besonderen Ohrringen. Und im letzten Jahr habe ich mir Ohrhänger mit edlen Tahiti-Perlen ausgesucht. Bestimmt wunderst du dich: Du beschenkst dich selbst? Dann ist es ja gar keine Überraschung mehr!

Das hat seinen Grund. So viel Mühe sich Robert auch gibt, hundertprozentig trifft er meinen Geschmack leider nie. Und wir sind übereingekommen, dass ich beim Juwelier etwas Schönes finden soll und er es dann bezahlt. Am Heiligabend freue ich mich doppelt. Über das perfekte Präsent und weil das lästige Umtauschen flachfällt. Ich stelle mir vor, dass du ebenfalls Ohrringe magst. Auch wenn ich natürlich nicht wissen kann, ob man sich im Jenseits noch so herausputzen darf. Aber warum eigentlich nicht?

Ach, Heidrun, Ohrringe hin und her – wenn ich doch mehr über das Leben nach dem Tod wüsste! Ob sich die Menschen aussuchen können, in welchem Alter sie dann weiterleben wollen? Ich bin felsenfest davon überzeugt, dass du ebenfalls eine erwachsene Frau bist. Ob ihr, wie durch ein Fernglas, an unserem Leben teilnehmen könnt? Alles ist ja möglich. Totaliter aliter.

Immer wenn ich einen Brief unter dem Gedenkstein deponiere, ist er beim nächsten Besuch weg. Wie von Geisterhand abgeholt. Ob du diejenige bist? Einmal Mäuschen spielen und lünkern, wer da kommt! Das sei ein frommer Wunsch, hätte unsere Oma Martha dazu gesagt. Wie kann ein Wunsch »fromm« sein, habe ich mich früher gefragt. Dass damit eine Idee gemeint ist, die sich wohl nicht erfüllen lässt, wusste ich natürlich nicht.

So gerne würde ich dich einmal in den Arm nehmen!
Das wünscht sich deine Schwester Hanna,
die immer noch an die Erfüllung »frommer Wünsche« glaubt

Mit einem Freund an deiner Seite
ist kein Weg zu lang.

傍らに友人がいれば、
どんな道も長すぎない。

Katawara ni yuujin ga ireba,
donna michi mo nagasuginai.

(aus Japan)

Zehntes Kapitel

Wie von allein flogen ihre Füße über den Dinslakener Parkfriedhof, als ob sie den Weg auswendig kennen würden. Was nicht weiter erstaunlich war. So oft hatte sie das Grab inzwischen aufgesucht, jedes Mal voller Vorfreude auf die flachen, zusammengefalteten Briefpäckchen, die dort unter dem Gedenkstein auf sie warteten.

Nur am Anfang war es anders gewesen. Hannas erster Brief hatte an einem glitzernden Ballon gebaumelt, was sie vollends aus der Fassung gebracht hatte. Aber nicht nur sie. Es sei ihre Zwillingsschwester, die zu ihr Kontakt aufgenommen habe, wurde ergriffen geflüstert. Und wie ein Lauffeuer war die Nachricht herumgegangen. Hast du es schon gehört? Von ihrer Schwester, die im Diesseits lebt, hat sie diesen wunderhübschen Ballon geschickt bekommen! Wie krass die plötzliche Aufmerksamkeit für Heidrun gewesen war! Als sie sich jetzt, wo sie am Grab stand, diesen Moment in ihr Gedächtnis zurückrief, musste sie unweigerlich lächeln. Ein Lächeln, das niemand sehen konnte, da ihre Gestalt unsichtbar war. Der zweite Brief hatte auf einer Fensterbank gelegen.

Natürlich hatte Heidrun von Hanna gewusst.

Aber Einzelheiten würde sie erst von ihrer Schwester selbst erfahren. Zwar war man im Jenseits noch mit dem Hier und Jetzt verbunden, aber die Kommunikation gestaltete sich nicht immer so einfach. Dennoch hoffte Heidrun, nein, im Grunde rechnete sie fest damit, dass Hanna zu ihr Kontakt aufnehmen würde. Nichts in ihrem Leben wünschte sie sich mehr als das. *In ihrem Leben* - wie blöd sich das anhörte, wo sie doch gar nicht mehr *lebte*! Doch mit der Sprache war sie nachlässig geworden und ertappte sich manchmal dabei, dass sie Formulierungen aus Hannas Briefen in ihre eigenen Sätze übernahm. Aber nur, wenn sie heimlich mit ihrer Schwester Zwiesprache hielt. Diese inneren Dialoge gehörten ihr ganz allein. *Ihnen* ganz allein. Hannas Zeilen hatten etwas in ihr berührt, das sie nicht in Worte zu fassen vermochte. Außerdem war Heidrun neugierig geworden. Auf ihr kurzes Erdenleben, an das sie keinerlei Erinnerung besaß. Und auf das lange Leben, das ihr fehlte.

Auf das Leben mit Hanna.

Mit jedem Briefbogen, den sie auseinanderfaltete und sorgfältig glatt strich, fühlte sich Heidrun mehr und mehr zu ihrer Schwester hingezogen. Weil ihr alles irgendwie vertraut erschien, was sie da lesen konnte. Wie ein Déjà-vu aus einer längst vergangenen Zeit. Dass die Verbundenheit zwischen »einäugigen« Zwillingen einzigartig war, wusste sie mittlerweile. »Einäugig« - auch das war so ein herrliches Hanna-Wort, das sie ihrem passiven Wortschatz einverleibt hatte.

Klar, dass sie die Bedenken ihrer Schwester teilte. Wer da wohl bei Nacht und Nebel käme, um diese Briefe in Empfang zu nehmen? Rational fassbar war das nicht. Dass Hanna einmal dabei sein wollte, wunderte sie daher kaum. Ja, warum ihr nicht diesen Gefallen tun, hatte sie da gedacht, wie einer plötzlichen Eingebung folgend. Aber nicht so, wie Hanna es sich vielleicht vorstellte. *Totaliter aliter*, so würde sie es tun. Und sie grinste spitzbübisch in sich hinein.

Als Heidrun ihre Schwester neulich aus sicherer Entfernung beobachtete, war ihr aufgefallen, dass Hanna und sie die gleichen Ohrhänger besaßen. Ohrhängerzwillinge sozusagen. Und dann war ihr Plan gereift. Heute hing viel davon ab, ob Hanna, wenn sie denn zum Grab käme, diesen Schmuck wieder tragen würde. Auch Heidrun trug ihr Pendant. Graue Perlen, die an Silberbügeln schwebten und wie ein stummes Echo jeder ihrer Bewegungen folgten. Das war puristischer Ohrschmuck, ohne Schnickschnack, so wie Heidrun ihn liebte. Auch wenn Eitelkeit für sie keinen Stellenwert mehr haben sollte.

Plötzlich wusste sie, dass Hanna in ihrer Nähe war.
Bevor sie diese überhaupt sehen konnte.

Und nun kam sie den Weg entlang, wie immer mit zügigen Schritten. Dass sie ihre Zeit nicht gestohlen hatte, würde Heidrun nur schwerlich verstehen können, schließlich hatte sie ja alle Zeit jener Welt. Und sofort fokussierte sie ihren Blick auf Hannas Ohren. Bingo! Dass ihre Schwester zudem einen Brief in der Hand hielt, geriet in diesem Augenblick zur Nebensache. Bald würden sie dergleichen nicht mehr brauchen. Unverzüglich nahm Heidrun den Ohrhänger ab, der ihrem Herzen am nächsten hing und deponierte ihn unter dem Stein. Ganz sachte, damit die schöne Perle keinen Kratzer abkriegte. Aber sie war wohl nicht flink genug, denn mit einem Mal stand Hanna direkt vor dem Grab und schaute irritiert in ihre Richtung. Ob sie etwas gemerkt hatte?

Schleunigst begab sich Heidrun hinter den Grabstein ihrer Eltern und duckte sich unwillkürlich. Eine unnötige Vorsichtsmaßnahme für die Unsichtbare, denn man konnte sie lediglich spüren. Nur sensitive Naturen würden schon mal einen frischen Windhauch fühlen und einen unerklärlichen Energieschub bekommen.

Heidrun hatte Geduld. Und so verfolgte sie, wie sich ihre Schwester bückte, um den Brief unter den Stein zu schieben. Und wie sie auf einmal in ihrer Bewegung innehielt. Keine Frage, Hanna musste den Ohrhänger entdeckt haben! Nun würde sie krampfhaft überlegen, wie sie ihre Hand frei bekommen könnte, mit der sie noch den Brief hielt. Frei bekommen für diese Perle, die da schimmernd vor ihr lag. Gebannt hielt Heidrun den Atem an. Und beobachtete, wie Hanna kurzerhand den Briefumschlag in die rechte Jackentasche gleiten ließ, um den einzelnen Ohrhänger in ihre Finger zu nehmen. Behutsam, wie mit einer Pinzette, fasste sie ihn an. Ja, gleich würde sie es merken.

Und Heidrun sah, wie Hanna erneut stutzte. Denn diese rieb sich verblüfft die Augen, als ob sie ihnen nicht trauen könne und griff schließlich an ihre Ohrläppchen, erst an das rechte und dann an das linke. Wollte sie kontrollieren, ob sie möglicherweise einen von ihren Ohrhängern verloren hatte? Für Heidrun war die Sache nun geritzt.

Hanna musste erkannt haben, wie sehr das Fundstück ihrem eigenen Ohrschmuck glich. In diesem Moment hätte Heidrun viel dafür gegeben, einen Blick in den Kopf ihrer Schwester werfen zu können. In welchen Windungen und Furchen des Gehirns jetzt welche Gedanken transportiert wurden. Aber bevor sie anfangen konnte, sich vorzustellen, was Hanna wohl denken mochte, straffte diese ihre Schultern und steckte das Fundstück in die linke Jackentasche. Wäre es die andere Seitentasche gewesen, würde sie ihren Brief bemerkt haben, den sie augenscheinlich vergessen hatte. Und dann ging sie den Weg zurück. Auch Heidrun machte sich auf ihren Heimweg.

Mit einem zufriedenen Lächeln im Gesicht.
There's a place for a us. Somewhere a place for us.

Der erste Schritt war getan.

Elftes Kapitel

Als Hanna den Haustürschlüssel ins Schloss stecken wollte, gelang ihr das nicht auf Anhieb, obwohl sie normalerweise eine ruhige Hand hatte. Auch das leise Papierknistern, während sie ihre Jacke an die Flurgarderobe hängte, fiel ihr nicht auf. Wie gründlich sie dieser Fundohrring aus dem Tritt gebracht hatte! Was vorhin auf dem Friedhof passiert war, steckte ihr noch immer in den Knochen.

Zu ärgerlich, dass Robert erst später zu Hause sein würde! Aber im Gegensatz zu ihr hatte er eine Vollzeitstelle. Eine Familie plus Eigenheim, das musste schließlich gestemmt werden. Vielleicht würde er ja schon im Auto sitzen und nach Hause fahren. Natürlich könnte sie ihn auf dem Handy anrufen und ihm alles brühwarm erzählen. Besser wäre es jedoch, zu warten. Bei einer Tasse Tee ließ sich alles leichter von der Seele reden. Besonders wenn es so speziell war wie heute.

Wie sie ihren Mann kannte, würde er wahrscheinlich versuchen, eine rationale Erklärung zu finden. Doch würde auch sie eine solche wollen? Selbst im Esszimmer, beim Licht der Halogenleuchte betrachtet, könnte das Fundstück ein Duplikat ihres eigenen Ohrschmucks sein. Ob das wirklich Zufall war? Nein, eindeutig nicht, dachte sie und schüttelte den Kopf. Schließlich hatte der Ohrhänger nicht irgendwo, sondern unter dem Gedenkstein gelegen. In ihrem gemeinsamen Versteck. Aber wenn Hanna dieses Nein konsequent weiterverfolgte, was würde das bedeuten? Es bedeutete, dass Heidrun tatsächlich am Grab ihrer Eltern gewesen sein musste. Es bedeutete, dass sie einen Ohrhänger zurückgelassen hatte, der genauso aussah wie ihrer. Wollte sie ihr damit ein Zeichen geben? *Ich, deine Zwillingsschwester, bin hier. Bei dir. Und ich bin wie du.* Hannas Verstand wehrte sich heftig. War das nicht gegen alle Plausibilität, gegen alle Gesetze der Vernunft, was sie da gerade erlebte?

Und mit einem Mal erinnerte sie sich. Am Grab, noch vor der Entdeckung des Ohrrings, hatte ein kühler Lufthauch sie gestreift und wenige Sekunden lang die Anwesenheit von jemandem spüren lassen. Wie die Nähe eines vertrauten Menschen war das gewesen, ohne dass sie es hätte begründen können. Und Hanna erinnerte sich ein weiteres Mal. An die Windböen, die durch den Garten gefegt waren, während sie den zweiten Brief an Heidrun geschrieben hatte. Wie ein unmittelbares Feedback war ihr dieser Wind damals vorgekommen. Ob Menschen, die im Jenseits lebten, einen anderen Zugang zu den Elementen hatten und sie für ihre Zwecke einspannen konnten?

In diesem Moment drängte sich ein Begriff in Hannas Bewusstsein. *Göttlicher Wind*. Woher kannte sie den bloß? Wäre Philipp jetzt in der Nähe und nicht im fernen Japan, hätte er ihr sofort weiterhelfen können. Das war nämlich die wortwörtliche Übersetzung von *kamikaze*. Ja, über diese Kampfflieger, die sich auf feindliche Ziele stürzten, hatte sie sich mit ihrem Sohn unterhalten, als er kurz vor dem Geschichtsabitur stand. Eins seiner Themen war der Zweite Weltkrieg gewesen. Aber jetzt wollte ihr der japanische Ausdruck nicht einfallen, obwohl er so gut gepasst hätte. Wie hieß es so schön, wenn man über alle Maßen verwirrt war? Man sei durch den Wind. Und genau das war Hanna jetzt.

Es konnte nicht anders sein: Heidrun war am Grab gewesen. Als wenn sie ihre Schwester hätte abpassen wollen. *Very spooky, indeed.* Wie Heidrun wohl ausgesehen haben mochte, fragte sie sich. War sie ebenfalls in Jeans und leichter Jacke gekommen? Oder *totaliter aliter*? An ein schlabbriges Engelsgewand, wie in Cartoons häufig abgebildet, mochte Hanna aber nicht glauben. Schließlich hatte sie sich letztens noch vorgestellt, Heidrun würde ihrem eigenen Spiegelbild bis aufs Haar gleichen und sich dabei sehr wohl gefühlt.

Und dann trat Hannas unseliger Hang zum Aberglauben wieder in Erscheinung. Wenn ein Spiegel zerbrach, sollten bekanntlich sieben Jahre Pech folgen. So war sie stets darauf bedacht, selbst den billigsten Kosmetikklappspiegel niemals fallen zu lassen. *Glück und Glas, wie leicht bricht das.* Weshalb sie Freudengefühlen stets skeptisch gegenüberstand. Durfte sie sich nun freuen – oder sollte sie es besser nicht tun?

Hanna blickte zur Wanduhr. Ob Robert im Feierabendverkehr festsaß? Und sie beschloss, schon mal den Tee anzusetzen. Es konnte nicht mehr lange dauern, bis sie hören würde, wie er die Autotür zuschlug. *Abwarten und Tee trinken,* was für eine herrliche Lebensphilosophie! Englisch war Hannas liebstes Schulfach gewesen. Später merkte sie, dass ihr Englandbild durch Fernsehserien nostalgisch verklärt war. Doch die gute Tasse Tee, Allheilmittel der Briten in sämtlichen Lebenslagen, behielt sie bei. Weshalb in ihrer Küche ein typisch englischer Wasserkessel stand und kein stilloser Wasserkocher. Hannas Handy vibrierte. Er stecke im Stau, schrieb Robert ihr via *WhatsApp,* es habe einen Unfall gegeben. Mit dem Tee solle sie nicht auf ihn warten.

Nun saß Hanna an dem großen Esszimmertisch, vor sich eine dampfende Tasse Darjeeling. Und schüttelte erneut den Kopf. Was sie von dieser Fundohrring-Geschichte halten solle, fragte sie sich. Oder vielmehr ihr Spiegelbild, das sie aus einem prächtigen Barockrahmen ansah. Alles nur *fake,* mit Bronzefarbe bemalt, aber ein absoluter Hingucker. Ein vergleichbares Teil hatte sie einmal in einem Bistro gesehen. »Den will ich auch haben!« So lautete einer von Hannas Standardsprüchen, über den sich Robert zu mokieren pflegte. Was diese Frau nicht alles haben wollte … Dennoch hatte er ihr einen solchen Spiegel bei *ebay* besorgt. Wie so manches andere auch. Ob sich das heutige Geschehen ebenfalls als Schwindel entpuppen würde?

Auf einmal, während sie ihr Spiegel-Ich betrachtete, stutzte Hanna. Zum wiederholten Mal an diesem Tag. In der verglasten Aluminiumschicht konnte sie deutlich ihr eigenes Abbild erkennen. *Ihr* Gesicht, *ihre* Frisur, *ihre* Kleidung - aber trotzdem war es nicht *sie*. Irgendwas war anders. Irgendwas stimmte nicht. Und dann merkte sie es. Die Spiegel-Hanna trug nur einen einzelnen Ohrhänger, das andere Ohrläppchen war frei. Aber die reale Hanna wusste, dass sie am Morgen beide Schmuckstücke angelegt hatte. Jetzt habe ich doch eins von den Dingern verloren, grummelte sie vor sich hin und suchte den Teppich ab. Ohne Erfolg. Ob ihr der Ohrhänger im Auto heruntergefallen war? Oder womöglich auf dem Weg zum Parkplatz? Dann müsste sie das hochpreisige Stück wohl abschreiben. So ein Mist.

Aus Ärger über ihre Schusseligkeit warf sie ihren Kopf zur Seite. Und glaubte, das leise Schaukeln von zwei Perlen zu spüren. Doch was war das? Die andere Hanna, im Barockspiegel, verhielt sich vollkommen still. Absolut still. Das war nicht sie selbst, das konnte nicht sie sein! Jetzt würde der schöne Tee kalt werden und dabei hatte Hanna noch nicht mal daran genippt. Ein Spiegel, der ihre eigene Zwillingsschwester zeigte? Unmöglich. Unglaublich. Unfassbar.

Aber das ist es doch, was du dir immer gewünscht hast! Nur dass es Wirklichkeit würde, konntest du dir nie vorstellen … So hörte es Hanna in ihrem Kopf. War es wirklich sie, die das dachte? Oder war es Heidrun? Wieder richtete Hanna ihren Blick auf den Spiegel. E i n Unterschied war ihr bereits aufgefallen. Wie bei *Original und Fälschung* kam sie sich vor, einem beliebten Rätsel aus der Wochenendausgabe ihrer Tageszeitung. Zwei Bilder, die auf dem ersten Blick identisch schienen, wichen in mehreren Details voneinander ab, was man erst auf dem dritten oder vierten Blick erkannte. Und diese Fehler galt es zu finden.

Nun guckte sich Hanna das Spiegelbild genauer an. Zentimeter für Zentimeter: Die dunkelblond gesträhnten Haare stimmten überein, die Haarlänge, bis knapp unters Kinn, ebenfalls. Selbst die Lidschattenfarbe passte. Und das seidig schimmernde Tuch, das beide um ihren Hals trugen, hätte aus einem einzigen Stück Stoff zugeschnitten sein können. Alles war gleich - bis auf diesen einen Ohrhänger.

Und in diesem Moment sah Hanna es.

In kristalliner Klarheit sah sie es. Die schmalen grünen Augen im Spiegel, denen von Amy nicht unähnlich, schlossen sich kurz und öffneten sich kurz und schlossen sich kurz wieder, bevor sie erneut auf ihr, der Betrachterin, ruhten. Heidrun hatte ihr tatsächlich zugezwinkert!

Ob Hannas überreizte Sinne ihr gerade einen Streich gespielt hatten? Mehr *kamikaze*, mehr durch den Wind ging nicht.

Da klingelte das Telefon.

Zwölftes Kapitel

Wie in Trance nahm Hanna den Hörer ab. Die Nummer, die im Display angezeigt wurde, kannte sie nicht. Und das Herzklabastern, das diese fremde Zahlenfolge in ihr auslöste, konnte sie bis in die Fingerspitzen spüren. Ob sie mit einer Frau »Marre« spreche, wollte die brüchige Stimme einer älteren Dame wissen. Sie sprach den Namen so aus, als wenn er sich auf »Knarre« reimen sollte. Dass Robert hugenottische Vorfahren besaß, war ein spannendes Kapitel seiner Familiengeschichte. Weshalb es »Marré« hieß und nicht »Mar-re«. Warum hatte da eigentlich noch niemand Nachforschungen angestellt? Aber diese Frage wurde sogleich verdrängt. Von ihrer immensen Enttäuschung.

Tatsächlich war da ein Fitzelchen irrwitziger Hoffnung gewesen, Heidrun könne an der Strippe sein. Ja, in der Tat, für den Bruchteil einer Sekunde hatte Hanna genau das für möglich gehalten. So viel war heute geschehen, warum nicht auch so etwas? Obwohl ihr Verstand abermals Protest einlegen wollte: »Hanna, du spinnst!« Aber das Zwinkern war schließlich keine Einbildung gewesen. Oder etwa doch? Nein, davon ließ sie sich nicht abbringen. Heidrun hatte ihr mit den Augen ein Zeichen geben wollen. *Basta*, würde ihre Mutter dazu sagen.

»Sie haben mir geschrieben und sich erkundigt, ob Sie die Wohnung besichtigen könnten«, redete die Stimme in der Leitung weiter und auf einmal wusste Hanna Bescheid. Es war Johanna Linke, deren Namen sie in einem Internet-Telefonbuch gefunden hatte. Unter jener Adresse in Oberhausen-Osterfeld, wohin ihre Eltern damals gezogen waren. In die erste eigene Wohnung, die Mama unbedingt auf Hochglanz hatte bringen wollen. Mit bösem Ende, jedenfalls für Heidrun.

Ungeachtet der vielen Jahre, die seit dem Einzug vergangen waren, besaß Hanna durchaus Erinnerungen an diese Räumlichkeiten. Wach gehalten durch zahllose Fotos, denn ihr Vater war ein begeisterter Hobbyfotograf gewesen. Sie bildete sich sogar ein, dass sie wusste, wie die Wohnung aufgeteilt gewesen war. Geradeaus lag das Kinderzimmer, in dem sie immer nach ihrer Mutter gerufen hatte. Aber sie wusste auch, welchen Unterschied es machte, Erinnerungsstätten selbst aufzusuchen statt sich nur auf Bilder zu verlassen. Und deshalb hatte sie sich an diese Frau gewandt, die nun in jener Wohnung lebte. Einfach anzuklingeln, das war ihr doch zu gewagt gewesen. Schließlich ging sie davon aus, dass die Dame schon älter war und sich in Ruhe überlegen wollte, wen sie in ihre eigenen vier Wände ließ und wen nicht.

Nach Hannas Rechnung musste Frau Linke seit einem halben Jahrhundert dort leben, wenn es denn noch diese Nachmieterin von damals war. Sollte nicht eine Familie mit Kindern einziehen? Aber vielleicht war die Frau längst verwitwet und der Nachwuchs sowieso aus dem Haus. An all das musste Hanna denken, während sie den Beginn ihres Briefes visualisierte. »Liebe Frau Linke, Sie kennen mich nicht und ich kenne Sie nicht, aber bitte lesen Sie dennoch weiter ...«

Und dann hatte sie Erklärungen zu ihrer Person geliefert. Dass sie von Juli 1958 bis Dezember 1963 mit ihren Eltern in eben dieser Wohnung gelebt habe, wo die Mieterin zuhause sei. Und dass sie sich auf privater Spurensuche befinde. Daher wolle sie mal einen Blick in diese Wohnung werfen. Vielleicht könne Frau Linke sie anrufen.

Genau das hatte diese jetzt getan, Hannas Zeilen mussten wohl vertrauenserweckend geklungen haben. Auch wenn sie sich für ihren Rückruf etwas Zeit gelassen hatte. Schließlich gab es so viele Trickbetrüger, die immer neue Maschen ausklügelten, um älteren Leuten den Sparstrumpf abzuluchsen. Sie habe mit ihrem Anliegen Glück gehabt, erzählte Frau Linke am Telefon, denn sie werde demnächst umziehen.

In ein Altersheim. Ob sie, die Frau »Mar-re« - Hanna verkniff sich eine Verbesserung – vielleicht morgen kommen könne? So gegen vier am Nachmittag? »Oh ja, gerne«, hörte sich Hanna sagen. Sie käme sehr, sehr gerne. Und das war nicht übertrieben.

Gleich würde sie eins der alten Fotoalben herauskramen und sich alles noch einmal genauestens anschauen. Und dann schien es Hanna, sie höre ihre Mutter von Erinnerungen singen, so als wenn es gestern gewesen wäre. *Souvenirs, du-wa-du-wa-du-wa-du-dap, Souvenirs, Souvenirs, kauft ihr Leute, kauft sie ein, denn sie sollen wie das Salz in der Lebenssuppe sein.* Ein Gassenhauer von Bill Ramsey, den Mama gelegentlich vor sich hin geträllert hatte. Nun war sie lange tot und der Sänger, an die 90 Jahre alt, lebte noch. Das Leben ist nicht fair.

Hanna war ganz aus dem Häuschen: Wie aufregend die Aussicht auf diesen *Besuch der alten Dame* war! Auch wenn es keine hochdramatische Handlung geben würde wie in Friedrich Dürrenmatts Drama, das sie im Deutschunterricht gerade in einer 10. Klasse las. Für einen Moment geriet die zwinkernde Heidrun tatsächlich in den Hintergrund.

Aber nur für einen Moment.

Lang, lang ist's her

Seit gefühlten Urzeiten war Hanna nicht mehr in Osterfeld gewesen. Dennoch kam ihr der industriell geprägte Stadtbezirk, der im Herzen Oberhausens lag, vertraut vor. Weil er sie an das graue Marxloh erinnerte, den Ursprungsort ihrer Spurensuche, wo einst die Großeltern und auch die Mutter gelebt hatten. Ja, in dieser Umgebung werde ich mir wie zuhause vorkommen, hätte ihre Mama also denken können, dem war aber nicht so gewesen. Mit der allgegenwärtigen Kohlenstaubschmiere konnte sich die frisch gebackene Hausfrau nicht anfreunden, obwohl sie sich dermaßen auf ihre erste eigene Wohnung gefreut hatte. An den grünen Niederrhein, nach Dinslaken, würde es Hannas Eltern später ziehen, doch das stand auf einem anderen Blatt.

»In 100 Metern haben Sie Ihr Ziel erreicht«, schnarrte das Navi im *Corsa,* nachdem Hanna in die Jakob-Plum-Straße eingebogen war. Hier hatte sie ihre ersten Lebensjahre verbracht, so wie es auch für Heidrun geplant war. Während sie im Auto saß und die Minuten zählte, die ihr bis zu dem verabredeten 16 Uhr bleiben würden, fiel ihr auf, dass sie rein gar nichts über den Namensgeber dieser Straße wusste. Oft war sie versucht gewesen, ihn englisch auszusprechen, als wenn es die Übersetzung für »Pflaume« sei. Was für ein seltsamer Familienname!

Rasch ging sie mit ihrem Handy ins Internet und erfuhr, dass Jakob Plum ein Pionier des Osterfelder Wohnungsbaus gewesen war, der bis in die Mitte des 20. Jahrhunderts gewirkt hatte. Den Nationalsozialisten war der sozialdemokratisch gesinnte Plum ein Dorn im Auge gewesen, weshalb sie die Straße nach einem ihrer braunen Idole umbenannt hatten. Erst neun Jahre nach Kriegsende wurde diese Namensänderung rückgängig gemacht. Interessant, interessant. Hanna, die Geschichte spannend fand, hätte noch stundenlang weiterlesen können.

Und dann glitt ihr Blick über die Fassade des Mehrfamilienhauses. So vieles war hinter diesen Wänden zum allerersten Mal passiert, dachte sie. Deine ersten pürierten Möhren hast du hier gefuttert und deine ersten unbeholfenen Schritte bist du hier getapst. Eine Liste, die sich schier endlos ergänzen ließe. In diesem Moment wünschte sich Hanna inständig auf die Couch ihres Therapeuten. Schade, dass sie ihn bisher zu keiner Hypnose hatte überreden können. Mit seiner bedächtigen Stimme würde es ihm vielleicht gelingen, in die Untiefen ihres kindlichen Ichs einzudringen. Wie *spooky* das wohl wäre!

Hanna war ausgestiegen. Den Klingelschildern zufolge wohnten sechs Mietparteien in dem Haus, Mansarde inklusive. *Linke … Linke …* wo stand denn *Linke*? Ach ja, hier unten. Schon wollte sie auf den Klingelknopf drücken, als es sie auf einmal fröstelte, was gar nicht zu dem sonnigen Herbstnachmittag passen wollte. Heidrun muss wieder in der Nähe sein, dachte sie. Ein eigentlich absurder Gedanke, aber mittlerweile erschien er Hanna überhaupt nicht mehr abwegig. Zu viel Unerklärliches hatte sich in den Vortagen ereignet. Oder war die Gänsehaut nur ihrer Aufregung geschuldet?

Da hörte sie eine weibliche Stimme.
Unsichtbar ertönte sie - wie aus dem Off einer Fernsehreportage.

»In welcher Etage hast du denn mit unseren Eltern gewohnt?«

Das war doch ihre eigene Stimme! Oder etwa nicht? Auf der Stelle musste Hanna an ihren ersten Kassettenrecorder denken und ihre Aufnahmeexperimente mit dem ungewohnten Gerät. Wie baff sie, die 14-Jährige, gewesen war, weil sie sich so anders angehört hatte, als sie glaubte, dass sie sich anhören würde. Vertraut und dennoch fremd – oder sollte es andersrum gewesen sein?

»In welcher Etage hast du denn mit unseren Eltern gewohnt?«

Mit sanfter Beharrlichkeit wiederholte die Stimme ihre Frage. Hanna war so perplex, dass ihre Antwort wie automatisch kam: »Äh, ich glaube, es war im Erdgeschoss. Wenn man ins Haus kam, auf der rechten Seite.« Erst danach fing sie an zu überlegen, wem sie da überhaupt geantwortet hatte. *Mit unseren Eltern* – solche Worte würde doch nur jemand in den Mund nehmen, der *dieselben Eltern* hatte wie sie. Das konnte nur ihre Schwester gesagt haben. Außer Heidrun kam da niemand in Frage. Doch wo um alles in der Welt war sie? Und wie war sie hierher gekommen? Dann sah Hanna in der modernen Haustür eine Glasscheibe, von der sie sich unwiderstehlich angezogen fühlte. War es sie oder war es Heidrun, deren Silhouette sie im Türglas erblickte?

Genau wie Hanna früher das Gänseblümchen-Orakel befragt hatte, ein Blütenblatt nach dem anderen herauszupfend, so sagte sie nun leise zu sich: »Es ist Heidrun – es ist nicht Heidrun – es ist Heidrun – es ist nicht Heidrun …«. *»Und es ist Heidrun!«*

Laut und deutlich, als wenn sie ihre Worte bekräftigen wollte, hatte diese Stimme das magische Sprüchlein fortgeführt. Und was danach kam, war so unglaublich, dass Hanna die Spucke wegblieb.

»Ja, Schwesterherz, ich bin es wirklich! Und diejenige, die du gerade in der Tür gesehen hast, war ich auch. Es gibt mich also tatsächlich. Auch wenn ich in einer anderen Welt lebe.« Sie beobachtete Hanna, wie diese instinktiv in Richtung Himmel blickte. »Aber du wunderst dich, dass du mich nur hören und ausschließlich im Spiegel sehen kannst. Stell dir einfach vor, dass ich neben dir stehe. Du weißt ja, wie ich aussehe …« Hanna war geflasht.

Was für ein himmelweiter Unterschied das war, ob man sich etwas nur vorstellte – oder ob diese Vorstellung plötzlich von der Wirklichkeit eingeholt wurde! Und langsam fühlte sie, wie sich ihre innere Blockade zu lösen begann. Sie wollte schon zu einer Reihe von Gegenfragen ansetzen, so wie im Intro der *Sesamstraße*. Wer, wie, was, wieso, weshalb, warum? Doch irgendwas schien sie davon abzuhalten.

In Hanna musste ein Vulkan an Fragen kurz vor dem Ausbruch stehen. Wie konnte sie, Heidrun, diese nur abblocken? Und dann kam ihr eine Idee. Vorsichtig legte sie den Zeigefinger auf den Mund ihrer Schwester. Dass sie bestimmte Auskünfte nicht geben durfte, würde ihr diese Geste sicherlich sagen. Sonst käme sie nämlich in Teufels Küche.

Hanna spürte, wie etwas, von dem sie nicht sagen konnte, was es war, die Luft vor ihrem Gesicht zerteilte und wie dieses Etwas ihre Lippen berührte. Instinktiv verstand sie, dass sie keine Fragen stellen sollte. Und sie beschloss, vorerst sämtliche Fragezeichen in ihrem Kopf auszuradieren. Sie wollte diesen Glücksmoment, den sie nie für möglich gehalten hätte, nicht zerpflücken und einfach nur genießen.

»Ich bin jetzt bereit. Meinetwegen kann es losgehen!«

Wer von ihnen beiden hatte das gerade gesagt?

In freudiger Erregung drückte Hanna auf den zweiten Klingelknopf von unten. Und schon hallten *ihnen* dumpfe Schritte entgegen, wie sie für unmöblierte Räume typisch waren. »Hörst du, Heidrun? Da kommt jemand!«, sagte sie unnötigerweise, denn gewiss würde ihre Schwester das hören. Kurz darauf erschien ein Mann mittleren Alters an der Tür, in farbbekleckster Arbeitshose und ebensolchen Latschen. Er wirkte freundlich, aber irgendwie in Eile. So viel zu renovieren und ausgerechnet jetzt kam diese Frau dazwischen, mochte er denken.

Sie sei wohl die Tochter der Vormieterfamilie, wurde Hanna begrüßt. *Sie seien wohl die Töchter*, verbesserte sie den Mann in Gedanken. Er habe seine Mutter plötzlich zum Arzt kutschieren müssen, gab er bereitwillig

Auskunft und atmete tief durch. Ja, Herzprobleme dürfe man nicht auf die leichte Schulter nehmen. Und dann blickte er seine Besucherin an. Vermutlich würde sie sich - wieder korrigierte Hanna die Verbform - auch ohne seine Hilfe in den Räumen zurechtfinden. Das sei ihm ganz recht, weil er noch streichen müsse. »Ja, *wir* kommen klar. Nicht wahr, Heidrun?«, murmelte Hanna. Schon früher, in Konfektionsgeschäften, war es ihr gegen den Strich gegangen, wenn allzu beflissene Verkäuferinnen wie Kaugummi an ihr klebten. Lassen Sie mich doch in Ruhe, hätte sie am liebsten gesagt, ich möchte für mich allein gucken.

Nachdem Herr Linke in einem der Räume verschwunden war, hob Hanna ihre Stimme leicht an. »Jetzt, Schwesterherz, stehen wir im Flur unserer Wohnung. Für Mama war dieser Raum besonders wichtig. Hier bekamen die Leute den ersten Eindruck und der lässt sich hinterher oft nicht mehr ändern. Deshalb musste alles picobello sein, damit keiner dachte, bei uns sähe es aus wie bei Hempels unterm Sofa!«

Was für ein ulkiger Vergleich! Den wollte sie sich merken, um ihn bei Gelegenheit hervorzukramen. Wo sie denn diese Redensart herhabe, würde man sie fragen. Die habe sie von ihrer Schwester. Ganz cool wollte sie das sagen.

»Sorry, wie der Flur eingerichtet war, weiß ich nicht. Hier zu knipsen, hat sich wohl nicht gelohnt, Fotoabzüge waren damals teuer. Aber es gab bestimmt eine Wandgarderobe mit Schirmständer, Spiegel und Hutablage. Du musst nämlich wissen, dass man ohne Kopfbedeckung nicht gut angezogen war. Und an der Wand hing wohl eine Kleiderbürste, mit der Mama unserem Papa die Fusseln von der Jacke gefegt hat. Auch auf den Schultern musste alles schön sauber sein ...« Ein Hauch von Missbilligung über die mütterliche Pedanterie, von der sie selbst leider nicht weit entfernt war, schwang in Hannas Stimme mit.

Heidrun hingegen schien bereits in das nächste Zimmer zu blicken. *»Und wo geht es hier hin? Ins Wohnzimmer?«*

»Nee, das war *unser* Zimmer. Meine Güte, wie groß dieser Raum ist! Das ist mir früher gar nicht aufgefallen. Vielleicht haben unsere Eltern aus dem Wohnzimmer ein Kinderzimmer gemacht, damit wir genug Platz zum Spielen hatten. Für Kinder waren nur kleinere Räume vorgesehen. Und hinterher habe man nicht zurücktauschen wollen.« In diesem Moment wurde in Hannas Kopf ihre erste Tapete lebendig.

»Papa war ja handwerklich ein Ass, aber bei meiner Märchentapete musste sogar er aufpassen. Wenn man die Tapetenbahnen nicht richtig aneinanderklebte, hätte es komische Figuren gegeben. Ein halbes Rotkäppchen und daneben eine Schneewittchen-Hälfte. Manchmal hat Papa ganz schön geschimpft und laut *Scheibenkleister* gesagt. Und nach »*Schei*« machte er eine Pause, bevor er weitergesprochen hat. Als wenn er eigentlich ein unanständiges Wort sagen wollte, was bei Mama jedoch nicht gut ankam. Sie war da etwas etepetete.«

Hanna kicherte, weil dieses Wort so unüblich geworden war und Heidrun fiel in ihr Kichern ein. »Später, als ich eine andere Tapete hatte, hat mir Papa Märchenbilder aus Sperrholz ausgesägt und farbig lackiert. Richtig fachmännisch hat er das gemacht.«

»Hast du diese Bilder noch?«, wollte Heidrun sogleich wissen.

»Aber sicher doch! So was kann man nicht wegschmeißen! Als Emma und Philipp klein waren, habe ich sie wieder hervorgeholt. Und jetzt sind sie wahrscheinlich in irgendeiner Kiste« … auf dem Speicher, ergänzte Hanna in Gedanken, wo sie auch die Unterlagen über Heidrun gefunden hatte. »Mama hat mir diese Märchen abends vorgelesen. Das arme Mädchen aus *Sterntaler*, das seine Kleidung verschenkt hatte, tat mir so leid! Und der böse Wolf auch, der hatte doch nur Hunger.«

Da musste Hanna an das Wolfsrudel denken, das sich am Niederrhein angesiedelt und für kontroverse Meinungen gesorgt hatte. Schießen oder schützen? Sie hätte das nicht entscheiden mögen. Ob Heidrun diese Märchen überhaupt kannte? Und wenn ja, wer mochte sie ihr vorgelesen haben? Dann dachte sie an den Tabu-Finger auf ihrer Lippe und schwieg vorsichtshalber. Einfach weitererzählen, sagte sie zu sich.

»Was ich ganz vergessen habe, auf meiner ersten Tapete war auch der *Gestiefelte Kater* zu sehen. Eine Katze mit Schlapphut. Und weißt du, was mir eben noch eingefallen ist? Woran ich ewig nicht mehr gedacht habe? Mama besaß eine Kostümjacke mit Pelzkragen, den ich immer gestreichelt habe. Als wenn er ein Schmusetier gewesen wäre.«

Heidrun schien blitzschnell zu kombinieren.

»Bestimmt hast du dir als Kind vorgestellt, dass du eine Katze vor dir hast! Richtig? Es ist ja auch ein wunderschönes Gefühl, so ein seidiges Katzenfell zu berühren! Amy ist ja so nied---!« Noch rechtzeitig biss sich Heidrun auf die Lippen und blickte erschrocken um sich, aber nichts war passiert. Sollte sie gerade einem verbalen Fauxpas entgangen sein?

Mit einem Mal drängten weitere Erinnerungen aus Hanna hervor. An dieser Wand müsse sich Heidrun das Gitterbett ihrer Schwester vorstellen und dort sei die Tür, durch die Mama sie jede Nacht zu sich ins Elternschlafzimmer bugsiert habe. Und sie begann laut zu überlegen. Vielleicht hätten sie beide später ein Etagenbett gehabt. Sie unten und Heidrun oben - oder umgekehrt. Statt ruhig einzuschlafen, würden sie sich Gruselgeschichten erzählt haben oder Witze, bei denen sie sich kringelig gelacht hätten. Dann wäre Mama gekommen. Jetzt sei endlich Ruhe im Karton, hätte sie gesagt. Aber sie hätten im Flüsterton weitergemacht, bis ihnen irgendwann die Augen zugefallen wären.

Ruhe im Karton - auch diesen Ausdruck wollte sich Heidrun merken, damit eines Tages alle staunen und sie beneiden würden. Um die Zwillingsschwester im Diesseits, bei der sie zu Besuch sein durfte. Warum gerade sie diese ungewöhnliche Chance bekommen hatte? Sie wusste es nicht.

»Irgendwo muss mein Spielzeugregal gestanden haben, das Papa im Keller zusammengezimmert hat. Mama mochte es nicht, wenn ich mich unten aufgehalten habe, weil es da schmutzig war und man sich mit dem Werkzeug verletzen konnte. Normalerweise gehen Kinder in meinem Alter in einen Kindergarten. Ob es in unserer Nähe keinen gab? Oder haben unsere Eltern das für überflüssig gehalten? Es war natürlich herrlich, den ganzen Tag mit Mama zu verbringen, aber heute frage ich mich, ob es Papa nicht weh getan hat, dass wir wie eine verschworene Gemeinschaft waren. Und dass ich nicht in den Keller sollte.«

Wie gerne wäre auch sie ein Mamakind und Papakind geworden, dachte Heidrun, aber ihre Kindheit hatte ohne Eltern stattgefunden, die waren bei Hanna gewesen. Vater, Mutter, Kind – so etwas kannte sie nicht. Und in ihr machten sich Neidgefühle breit. Doch sie wollte nicht ungerecht sein, Hanna konnte ja nichts dafür und so versuchte sie, dem Gespräch eine andere Richtung zu geben. »Weißt du noch, was alles in deinem Spielzeugregal gewesen ist?«

Hanna musste nicht lange überlegen. »Natürlich! Da war vor allem Putzi, mein Teddy! Wenn ich fest auf seinen Bauch gedrückt habe, konnte er wunderbar brummen. Und weißt du was?« Jetzt kam sie richtig in Fahrt, wie eine Billardkugel eine andere antitscht, die eine weitere in Bewegung setzt. »Wenn Papa nach der Arbeit sein Nickerchen gemacht hat, durfte ich zu ihm aufs Sofa und er erzählte mir mit geheimnisvoller Stimme Geschichten. *Es war einmal ein Bär und der hieß Putzi,* so fing er an. Stell dir mal vor, all das hat er sich selbst ausgedacht! Und immer gab es ein Happy End, das war wohl Bären-Sache.«

Heidrun schniefte gerührt, weil sie sich das gerade vorstellte und es eigentlich gar nicht wollte. Warum hatte sie so etwas nicht erleben dürfen? Aber Hanna war noch nicht fertig. Und witzig sei der Papa auch gewesen. So habe er mit Vorliebe Silben verdreht und aus *bitteschön* sei das neue Wort *schittebön* entstanden. Auch an *schankedön* erinnerte sie sich. Heidrun schien nur zu staunen. Ja, warum weiß ich das noch, so als wenn es gestern passiert wäre? Nicht zum ersten Mal stellte sich Hanna in der letzten Zeit diese Frage. Sie konnte es nicht sagen.

»Und hier, wo wir jetzt stehen, war Mamas Reich. Und meins gleich mit. Weil es im Badezimmer nur einen mickrigen Heizstrahler gab und noch keinen Boiler, badete sie mich in der Küche. Da war es immer warm – wegen des Kohleherds, auf dem Mama das Mittagessen gekocht hat. Auf der Herdplatte wurde auch das Badewasser erhitzt. In großen Kochtöpfen und im Flötenkessel. Für meine Plastikbadewanne, die sie auf einen Stuhl stellte. Wie viele Liter Heißwasser sie wohl in die Wanne schütten musste? Und das jeden Abend! Kein Wunder, dass Mama ziemlich kräftige Oberarme hatte! Das war echte Knochenarbeit.«

»Ich staune immer noch - woher weißt du das alles?«

»Papa hat viel geknipst. Von all den Fotos weiß ich auch, dass mich Mama auf dem Küchentisch gewickelt hat. Und zwar mit altmodischen Stoffwindeln. Erst mussten die so gefaltet werden und dann so und dann noch einmal so - eine Wissenschaft für sich ist das gewesen! In Mamas Baby-Ratgeber habe ich mir mal Zeichnungen dazu angesehen. Praktische Wegwerfwindeln, die nur zugeklebt werden müssen, sind erst Jahre nach unserer Geburt auf den Markt gekommen.« Während sich Hanna vorzustellen versuchte, welche Art von Windeln man im Jenseits verwendete, falls man denn überhaupt welche brauchte, war Heidrun mit ihren Gedanken bereits ganz woanders.

Die Geburt – damit hatte ihre Schwester einen wunden Punkt angestoßen. Diese Zeit kannte Heidrun nur aus den Briefen, die unter dem Gedenkstein gelegen hatten. Eine Klinik, die zur Uni werden sollte und eine Nachtschwester, die eine Nottaufe vornehmen musste. Doch auf einmal glaubte sie sich zu erinnern. Wie sie von oben, von der Decke des Krankenzimmers aus, alles beobachten konnte … Verflixt, jetzt hatte sie nicht aufgepasst. In welchem Raum waren sie inzwischen angekommen? Und was hatte Hanna gerade gesagt?

»… die *gute Stube* genannt. Fernsehgeräte konnte man schon kaufen, aber die waren noch zu teuer. Stattdessen haben sich unsere Eltern ein riesiges Radio geleistet. Mit einem tollen Sound. Wie im Konzertsaal habe man sich gefühlt, hat Papa erzählt. Für eine Opern-Übertragung hätten er und Mama sich richtig in Schale geworfen und mit einem Glas Sekt feierlich der Musik gelauscht. Und heutzutage tragen die Leute löchrige Jeans, wenn sie ins Theater gehen.« Ob früher nicht doch so manches besser war? Eigentlich mochte Hanna diesen Spruch nicht.

Auf einmal spürte sie, dass Heidrun unruhig wurde. Wie im Unterricht war das, wenn bei ihren Schülern nach einer Doppelstunde die Konzentration nachzulassen begann. Nicht umsonst sagte man eineiigen Zwillingen nach, eine Antenne für die Stimmungen des anderen zu haben. Und Hanna hüstelte verlegen, weil sie nicht wusste, wie sie reagieren sollte. Aber Heidrun hatte schon das Wort ergriffen.

»Das war wunderschön, was du mir heute gezeigt und erzählt hast, aber jetzt muss ich ... leider … zurück. Wollen wir uns morgen wieder treffen? Hier vor dem Haus in der Jakob-Plum-Straße? Um dieselbe Zeit?«

Und dann war Heidruns Stimme weg.
Wie ein *fade out* im Film.

Hanna war überwältigt. Es würde ein zweites Mal geben! Damit hatte sie nicht gerechnet. Hatte sie überhaupt mit etwas gerechnet? Aufgekratzt bedankte sie sich bei Herrn Linke, der sie so nett in Ruhe gelassen hatte. Er hat nicht gemerkt, dass meine Schwester mit von der Partie war - das wird mir keiner glauben, wenn ich das später erzähle!

Der Hof hinterm Haus hätte sie noch interessiert. Ob ihr Sandkasten überlebt hatte? Eine kleine quadratische Grube, die Papa ausgehoben, mit Baustellensand gefüllt und dann ringsum mit Holzbrettern versehen hatte, auf denen sie sitzen konnte. Zu dumm, dass sie nicht aus dem Küchenfenster geguckt hatte! Aber von der Straßenseite aus konnte man den Hof nicht einsehen. Ja, Papa hatte viel für sie getan. Nicht nur gebastelt und gewerkelt. Das wurde ihr erst jetzt bewusst.

Als sie wieder im Auto saß, tauchte eine Fotoserie in ihrem Kopf auf, die es so nicht gab. Heidrun und sie tollten auf dem Hof herum. Spielten fangen, warfen sich gegenseitig einen Ball zu. Oder sie saßen im Sandkasten, füllten Plastikförmchen mit Sand und stürzten sie auf die Sitzbretter. »Ätsch, meine Kuchen sind schöner als deine«, hörte sich Hanna sagen. Aber Heidrun ließ sich nichts gefallen, machte das Sandgebäck mit der Schaufel platt. Selber ätsch! »Nicht streiten, Kinder!«, rief Mama aus dem Küchenfenster, »vertragt euch wieder und gebt euch die Hand!« Was sie natürlich taten. Und Hanna erinnerte sich an einen Satz aus ihren Recherchen, den sie nie vergessen würde. Mit einer Zwillingsschwester habe man die beste Freundin immer dabei. Stimmt.

In ihrem Kopf rotierte es, denn sie hatte bereits einen ungefähren Plan, den sie Heidrun morgen unterbreiten würde. Sie musste sich alles nur noch genau überlegen. Wie sehr sie sich freute!

Herzen erlöschen nicht

Als sich Hanna am Folgetag auf den Weg nach Osterfeld begab, kreisten ihre Gedanken natürlich um das Treffen mit Heidrun. Aber nicht nur. Ihr wollte nicht aus dem Kopf gehen, was sie heute im Lehrerzimmer erfahren hatte. Von einer Kollegin, die neben ihr saß und im Internet surfte. »Hast du es schon gehört?«, fragte Almut, »Karel Gott ist tot.« Gestern Abend sei er in Prag gestorben. »Ojemine!«, das war alles, was Hanna herausbrachte. Seit Urzeiten war er einer ihrer Lieblingssänger. So eine Legende könne nie sterben, hatte sie immer angenommen. Mit dem Ärmel wischte sie sich ein paar Tränen vom Gesicht. Vielleicht sollte sie sich eine Box Tempotücher fürs Auto kaufen.

Inzwischen hatte Hanna das Wohnhaus in der Jakob-Plum-Straße erreicht. Ob ihre Schwester bereits am Parkstreifen auf sie wartete? Vielleicht sollte sie im Auto sitzen bleiben, dachte sie, und bediente den elektrischen Fensterheber. Auch wenn geschlossene Fenster und Türen kein Hindernis für Heidrun darstellen sollten. Da! Hanna spürte wieder jene vertraute Brise und hörte jene vertraute Stimme, von der sie das Gefühl hatte, sie seit Ewigkeiten zu kennen.

»Hallo Schwesterherz! Hier bin ich!«

Offensichtlich saß Heidrun bereits auf dem Beifahrersitz. Nein, Hanna würde sie nicht fragen, auf welche Weise sie es ins Auto geschafft hatte. Wenngleich es ihr auf den Nägeln brannte.

»Und was machen wir h e u t e ?«

Wie aufgeregt sich Heidrun anhörte! Sofort fühlte sich Hanna angesteckt von der vergnügten Stimme und der Unternehmungslust ihrer Schwester. Und Karel Gotts Tod, der den Vormittag überschattet hatte, war wie weggewischt. »Lass dich einfach überraschen, Schwesterherz!«

Sie startete den Kleinwagen und ordnete sich in den Verkehr ein, doch nach ein paar Metern hielt sie ruckartig an, sodass Heidrun ein erstauntes *Huch* entfuhr. *»Was ist los?«* Los war nichts, doch in dem Moment, als Hanna das Eckhaus an der Kreuzung zur Hauptstraße erblickt hatte, war ihr wieder ein Stück Kindheit eingefallen. »Genau an dieser Ecke hat ein Tante-Emma-Laden gestanden, *Sieben* hieß der, genau wie die Ziffer. Mit Mama bin ich hier immer einkaufen gewesen.«

»Äh … gibt es eine Tante Emma in unserer Familie?«

Hanna überlegte kurz. »Ja, so hieß die Schwester von unserem Opa Gustav, aber die ist nicht gemeint. Nein, so nennt man kleine Läden, in denen man alles Mögliche kaufen konnte. Hinter der Theke standen meist ältere Frauen, die sich wie eine liebe Tante um die Kundschaft gekümmert haben.« Und irgendwann mussten diese Geschäfte dicht machen, weil immer mehr Billigläden immer günstigere Preise anbieten konnten, fügte Hanna in Gedanken hinzu. Eine traurige Entwicklung, fand sie. »Und einmal hat mir die nette Frau Sieben einen ausrangierten Pappaufsteller aus dem Laden geschenkt. Fast so groß wie ich damals! Und rate mal, was darauf zu sehen war!« Erwartungsvoll schaute sie in Heidruns Richtung. »Ein riesiger Teddy, der in einer Gebirgslandschaft saß und für die Kaffeemilch *Bärenmarke* geworben hat, die man heute noch kaufen kann. Wie niedlich dieser Bär ausgesehen hat!«

Zwei Schwestern, ein Gedanke. Und Heidrun setzte Hannas Satz ohne Probleme fort: *» … wie dein Putzi, habe ich Recht? Siehst du, ich habe deinen Plüschbären nicht vergessen!« Heidrun merkte, dass sie sich fast ein bisschen stolz anhörte. Nichts von dem, was ihre Schwester ihr gestern erzählt hatte, würde sie jemals aus ihrem Gedächtnis verlieren.*

Vor lauter Rührung geriet Hanna fast auf die Gegenspur und ermahnte sich zu mehr Konzentration. Es war aber nicht leicht. »Kannst du die Bahnunterführung dahinten sehen, Heidrun? Kurz davor geht ein Seitenweg ab, der zu Papas ehemaliger Dienststelle bei der *Bundesbahn* geführt hat. Doch die gibt es schon seit Jahren nicht mehr.« Gut, dass Papa das nicht erleben musste, dachte Hanna. Als Eisenbahner mit Leib und Seele wäre er nur schwerlich darüber hinweggekommen.

Während sie weiterfuhren, schaute Heidrun auf die Häuserfronten, die an ihnen vorbeizogen. Schmuddelig waren sie und vereinzelt schienen Räumlichkeiten leer zu stehen, aber was sie fesselte, waren die bunten Reklameschilder mit den fremdartigen Buchstaben. Welche Sprache das wohl sein mochte? Bevor sie nachfragen konnte, waren sie schon daran vorbei. Aus offenstehenden Fenstern drang laute, fröhliche Musik bis ins Auto hinein, da Hanna die Seitenfenster nicht hochgefahren hatte. Und diffuse Wohlgerüche stiegen Heidrun in die Nase. All das war eine komplett andere sensorische Welt für sie. So bunt, so vielfältig stellte sie sich das Leben vor, das sie nie kennengelernt hatte. Ja, den heutigen Nachmittag würde sie genießen wollen!

»Und guck mal hier! Diese alten Häuser müssen schon damals hier gestanden haben - hallo, ihr alten Gemäuer, kennt ihr mich noch?«, rief Hanna geradezu übermütig und konnte es kaum glauben, als sie Heidrun mit verstellter Stimme antworten hörte: »*Hallo Hanna, du bist aber ganz schön groß geworden!*« Und beide kicherten wie alberne Teenager. So eine Situation hatte sich Hanna immer gewünscht. Gemeinsam mit jemandem, der auf der gleichen Wellenlänge schwamm, etwas zu unternehmen. »Aber schade, dass inzwischen so viele Ladenlokale keine neuen Besitzer mehr finden. Da ist wohl das CentrO dran schuld.«

»CentrO? Was ist denn das? Ein anderes Geschäft?«

»E i n Geschäft?«, Hanna musste schallend lachen. Aber Heidrun konnte ja nicht wissen, dass sich hinter diesem Kunstwort eine wahre Einkaufsstadt mit über 200 Geschäften verbarg. »Warte es einfach ab! Wir müssen nur noch über den Kanal, dann sind wir da!«

Die Wege entlang des Rhein-Herne-Kanals kannte Hanna aus ihrer Kindheit, als gemeinsame Spaziergänge zu den sonntäglichen Familienritualen gehörten. Beeindruckt guckte sie damals zu dem Gasometer hoch, ein imposantes Industriedenkmal von über 100 Metern Höhe, dessen Aussichtsplattform sie erst Jahrzehnte später besteigen sollte. Zusammen mit ihrem Vater, nachdem dieser pensioniert worden war. »Auf diesem Turm bin ich mal mit unserem Papa gewesen. Er wollte mir von oben zeigen, wo er einst gearbeitet hat. Das war vor vielen Jahren, als man begonnen hat, ein brach liegendes Fabrikgelände abzureißen, um dort das größte Einkaufszentrum Deutschlands zu errichten. Und genau *da* fahren wir jetzt hin. Zum Shoppen!«

Wenn Hanna in ihrer Teenagerzeit neue Klamotten brauchte, musste sie allein losziehen. Nur das Budget legte die Mutter vorher fest. Ihre Klassenkameradinnen beneideten sie um diese Freiheit, doch eine Mutter zu haben, die viel im Krankenhaus lag, war keineswegs beneidenswert. Mit Emma hätte sie solche Mutter-Tochter-Shopping-Touren gerne nachgeholt, doch meistens mangelte es ihnen an Zeit. Aber falls es mal dazu kam, war es kein Shopping auf Augenhöhe. Und Hanna musste wieder daran denken, dass man mit einer Zwillingsschwester eine lebenslange Gefährtin hatte. Von Anfang an.

Mittlerweile waren die ersten Hinweisschilder in Sichtweite gerückt. Zu einem der *CentrO*-Parkhäuser ging es rechts ab. Da tauchten bereits die Silhouetten von zahlreichen kastenförmigen Gebäuden auf. Hanna nahm die erste Parkmöglichkeit, die sich ihnen bot. Ob sich Heidrun wohl diese Ecke merken könne? *»Aber klar! Schließlich habe ich auch den Weg nach Osterfeld behalten«, antwortete sie. In solchen Dingen war sie gut, denn ihre Welt setzte andere Prioritäten.*

Den ersten Mega-Laden, ein Kaufhaus, hatten sie schon durchquert.

Ganz früher hieß diese Kaufhauskette anders, doch dann sahen sich zwei Kaufhausriesen zu einer Fusionierung gezwungen. Auch die Großen in der Branche blieben nicht von wirtschaftlichen Problemen verschont, was Hanna irgendwie tröstete. Mit einer Duisburger Filiale aus dieser Kette verband sie eine besondere Erinnerung, denn hier spendierte Opa Gustav seiner Enkelin den allerersten Eisbecher ihres Lebens. In der obersten Etage des Kaufhauses saßen die Zwei und von dort aus blickte Hanna mit Staunen auf das Treiben unten auf der Straße. »Guck doch mal, Opa! Die Menschen sehen ja wie Spielzeug aus!«

»Und - habe ich dir zu viel versprochen?«

Genau wie Hanna damals schien auch Heidrun nicht mehr aus dem Staunen herauszufinden. Schweigend verarbeitete sie die Wucht der Eindrücke, das vermutete Hanna jedenfalls. Langsam flanierten die Schwestern die Shopping Mall entlang, wo ein Geschäft das andere ablöste und aus unsichtbaren Lautsprechern sanfte Musik rieselte. In den Schaufenstern dominierte modische Kleidung.

»Mach doch mal einen Vorschlag, Heidrun! Was sollen wir uns denn zum Anziehen kaufen? Hast du einen bestimmten Wunsch? Ich selbst brauche eigentlich gar nichts.« Als Kind hatte Hanna, wenn man sie fragte, ob sie dieses oder jenes haben wolle, immer schon alles gehabt. Das hätten sie bereits zuhause, war ihr Standardsatz gewesen. Heidruns Reaktion kam wie aus der Pistole geschossen, als ob sie die Frage geahnt hätte. *»Hanna, gestern bist du hier in Jeans und Strickjacke aufgekreuzt. Und heute schon wieder! Wie wäre es mit schönen Kleidern für uns beide? Sollen wir mal in dem Laden dort gucken gehen?«*

So energisch und bestimmend, wie Mama manchmal geklungen hat, hört sie sich jetzt an, dachte Hanna einen Moment lang irritiert. Obwohl sie selbst die Ältere war – aber was spielte das für eine Rolle? Sie wollte keinen Streit vom Zaun brechen, nichts wollte sie weniger als das. Auch einäugige Zwillingsschwestern bekämen sich gelegentlich in die Wolle. *»Schau doch mal, Schwesterherz, wie toll die Kleider da drüben aussehen!«* Und in dem Ladenlokal fiel Hannas Blick auf eine Verkaufswand, an der ein Kleid neben dem anderen hing. Ein wahres Feuerwerk an Farben, das hier explodierte. »Aber stehen mir Kleider überhaupt?«, gab sie zu bedenken, »habe ich nicht zu kurze Beine dafür?«

Statt einer Antwort wurde Hanna ein petrolfarbenes Kleid mit gelbem Karomuster vorgehalten. Oder hatte sie es sich selbst angelegt? Blautöne waren ihre absoluten Lieblingsfarben. Was sicherlich auch für ihre Schwester galt. *»Knielang wird uns ganz bestimmt gut stehen, ich habe ja die gleichen Beine wie du«*, verteidigte Heidrun ihren Vorschlag, während Hanna etwas Unverständliches vor sich hin brummelte.

Sie habe richtige Kartoffelstampfer, sagte sie manchmal über ihre Beine. Aber sehr ansehnliche Kartoffelstampfer, würde Robert für gewöhnlich kontern. Das sei reine Ansichtssache, meinte sie dann nur. Als sie die Umkleidekabine betrat, schaute sie noch skeptisch drein. Wenige Minuten später kam sie jedoch freudestrahlend heraus. »Nie hätte ich gedacht, dass ein Kleid so klasse aussehen kann!« Fast hätte sie *geil* gesagt – ein Schülerwort, das sie täglich nur allzu oft hörte und deshalb nicht in den Mund nehmen wollte. Und wie ein Mannequin drehte sie sich vor einem der großen Spiegel. War das wirklich sie?

» Geil!« Jetzt hatte sie es doch ausgesprochen.

Weil sie das Spiegelbild so mochte.

Diese tief angesetzte Taille, im Stil der 20er Jahre, gefiel ihr, weil sie ihre Pölsterchen geschickt kaschierte. Und der Saum endete perfekt – genau zwischen Knie und Knöchel. Da wollte sie Robert gleich mal ein Foto schicken und ihm schreiben, dass er doch nicht so ganz Unrecht hatte. Schnell kramte sie ihr Handy aus der Handtasche, knipste ihr Spiegelbild ab, tippte ein paar Worte ein und drückte auf *Senden*. Bei einem Selfie wäre nicht ihr ganzer Körper aufs Bild gekommen.

An der Kasse legte Hanna zwei Kleider auf die Theke und musste sich sofort die Frage gefallen lassen, ob sie sich nicht vertan habe. Zweimal das gleiche Kleid – und dann noch in der gleichen Größe? Ja, das sei richtig so. Ob die Kassiererin die Einkäufe bitte in getrennte Tüten packen könne? »Ist das etwa für Zwillinge?«, scherzte die Frau, als sie zwei Papiertüten auseinanderfaltete. »Ja«, sagte Hanna nur und knuffte liebevoll mit dem Ellbogen in die Richtung, wo sie Heidrun vermutete. Für den Bruchteil einer Sekunde hatte sie das Gefühl, dass da mehr war als nur luftleerer Raum. Und sie kam sich vor wie im siebten Himmel. Jetzt fehlte nur noch ein Eisbecher. Wie damals mit ihrem Opa.

»Hanna, ich weiß nicht so recht.« Tatsächlich wusste Heidrun es nicht. Hunger, Durst und Appetit waren für sie böhmische Dörfer. Diese Bedürfnisse kannte sie nicht. Doch wollte sie nicht heute alles genießen?

»Komm, sei kein Frosch, Schwesterherz!«

Was in aller Welt mochte Hanna damit gemeint haben?

Aber diese lief bereits vorweg, direkt in eine einladend dekorierte Eisdiele, mit rot-weiß-grünen Papiergirlanden an der Decke und Fotografien von stimmungsvollen Küstenlandschaften an den Wänden.

Heidrun, die kein Frosch sein wollte, folgte ihr. Ja, diese Ecke dort hinten wäre gut, hier würden sie nicht auf dem Präsentierteller sitzen. Und sie suchte sich einen der Plätze an einem kleinen Tisch aus und begann sich zu entspannen. Als sie die prächtigen Eisbecher sah, die an den Nachbartischen gelöffelt wurden, verspürte sie plötzlich eine Regung, die sie nicht so recht einordnen konnte, weil ihr diese völlig unbekannt war. Sie wusste nur, dass sie auch so etwas probieren wollte. Den allerersten Eisbecher ihres Lebens.

»Welches Eis möchtest du denn haben, Heidrun? Mensch, ich bin ja blöd, sicherlich hast du nie zuvor einen Eisbecher gegessen! Also ich … ich mag einen Himbeerbecher am liebsten.« Selbst wenn im Oktober keine Erntezeit für diese Beeren war und sie wahrscheinlich aus der Tiefkühltruhe des Großhandels kamen. *»Ja, dann nehme ich den auch …«*

»Was wünschen die Dame?«, fragte ein schlaksiger junger Südländer, der an ihren Tisch getreten war. Und Hanna bestellte die Nr. 17 von der Eiskarte, »aber in XL«, fügte sie hinzu. Diese Idee war ihr eben gekommen. Warum sollten sie sich ihr Eis nicht teilen? Verwundert schaute der Kellner sie an. So ein schmales Persönchen und so ein riesiger Becher? Hier sind die Augen größer als der Magen, mochte er denken und tippte die Bestellung in eine Art Handy ein.

Nach kurzer Zeit stand ein Kunstwerk aus rosa- und cremefarbenen Eiskugeln vor ihnen, von roten Sirup-Schlieren durchzogen, zwischen denen einzelne Himbeeren hervorblitzten. Und gekrönt wurde das Ganze von einem fluffigen Sahnehäubchen, das wie eine Wolke aussah. Wie eine niedliche Schäfchenwolke. Nur ein aufmerksamer Beobachter, der nichts von Heidrun wusste, würde feststellen, dass der opulente Eisbecher ungewöhnlich schnell leer wurde. Und wer seine Ohren spitzte, konnte hören, dass diese Frau am Tisch anscheinend Selbstgespräche führte. Aber darauf achtete heute ja kaum noch jemand.

Dann spürte es Hanna wieder. Diese Unruhe kannte sie bereits, am gestrigen Tag war es genauso gewesen. »Sollen wir besser zurückfahren, Schwesterherz?« *»Ja, bitte!«* Unausgesprochen klang ein *Leider* mit, als wenn sie nichts dagegen tun könnte. Also gab Hanna dem Kellner ein Handzeichen, bezahlte und legte ein großzügiges Trinkgeld dazu. Im Auto saßen sie schweigend nebeneinander und hingen ihren Gedanken nach. Während Hanna den Nachmittag Revue passieren ließ, war Heidrun bereits mit dem Morgen beschäftigt. Wie sie es ihrer Schwester sagen sollte, damit die Überraschung nicht ganz futsch war.

»Du … Hanna …« Heidrun druckste verlegen herum.

»Ja, was ist?« Auf einmal verspürte Hanna Angst. Was würde jetzt kommen? Doch Heidrun sprach weiter.

»D a n k e !!! Das war ein unvergesslicher Tag für mich … «

Heidrun hielt kurz inne, als wüsste sie nicht so recht, wie sie weitermachen solle. »Für morgen möchte ich dir … etwas … vorschlagen. Nein, nicht weil ich bestimmen will!« Sie hob abwehrend die Hände, was Hanna aber nicht sehen konnte. »Sondern weil ich dir … auch etwas schenken möchte. Können wir bitte zusammen … zu einem bestimmten Ort fahren? Mehr will ich dir jetzt nicht verraten. Es ist wohl nicht so weit von hier, das müsste ich schaffen, bevor … ich wieder zurück muss«, fügte sie leise hinzu.

»Natürlich, das machen wir!«, bekräftigte Hanna sofort. Dennoch war sie mehr als verblüfft. Was hatte Heidrun nur mit ihr vor? Ein Geschenk, für das sie beide irgendwohin fahren mussten? Aber wohin?

Heidrun beömmelte sich. Weil jetzt sie es war, die am Ruder saß. »Lass dich einfach überraschen! Das hast du vorhin auch zu mir gesagt!«

Mit den eigenen Waffen geschlagen! Hanna begriff, dass sie ihre Neugierde wohl oder übel zügeln musste. Und ehe sie sich versah, waren sie wieder auf der Jakob-Plum-Straße angekommen. Es erschien ihr, als wenn sie erst vor wenigen Minuten dort losgefahren wären. Zeit war ein äußerst relativer Begriff. Nicht nur bei Einstein.

»Sollen wir uns dann morgen erneut hier treffen? Um dieselbe Uhrzeit?«

Noch bevor Hanna antworten konnte, wurde Heidruns Stimme urplötzlich ausgeblendet, aber ohne dass sie jenen vertrauten Windhauch gespürt hätte. Ihre Zeit im Diesseits sei für heute abgelaufen, mochte ihr ein Oberengel gesteckt haben, sie solle sich mal beeilen.

Und Hanna dachte daran, wie sie nach einer Mandeloperation im Krankenhaus lag und die Stationsschwester, mit einer Glocke in der Hand, von Zimmer zu Zimmer marschierte, um das Ende der Besuchszeit anzukündigen. Damals, als Neunjährige, war sie unendlich traurig darüber gewesen, wieder allein zurückgelassen zu werden. Doch jetzt war sie es eigenartigerweise nicht. Ganz im Gegenteil, sie war voller

Freude. Schließlich würde sie Heidrun morgen wieder begegnen. Das war mehr, als sie je für möglich gehalten hatte.

Noch eine Weile blieb Hanna im Wagen sitzen, in Gedanken versunken. Dann schaltete sie das Radio an. Ob der Verkehrsbericht Staus melden würde? Doch es war nicht die Stimme des Moderators, die aus dem Äther kam, sondern Karel Gott. Da erinnerte sie sich, dass der Sänger ja in der letzten Nacht überraschend verstorben war. Aus diesem Anlass hatte man wohl das Duett mit seiner Tochter Charlotte in die Playlist aufgenommen. Weil Hanna beim Friseur fleißig in der Regenbogenpresse blätterte, wusste sie, dass dieses Lied als musikalisches Vermächtnis des Sängers verstanden werden konnte. Denn er, der Vater, würde immer in der Nähe seiner Tochter sein und sie beschützen.

Sdrce nehasnou.

»Herzen erlöschen nicht«, so ließ sich der zungenbrecherische Titel ins Deutsche übersetzen. Auch Heidrun war aus Hannas Leben nicht mehr wegzudenken. Und Hannas Liebe zu ihr würde niemals erlöschen. War diese nicht gerade erst so richtig entfacht worden?

Weniger als 24 Stunden noch!
Sie konnte es kaum erwarten.

Until you're back

Es war zwei Uhr am frühen Nachmittag, als sich Hanna aus ihrer obligatorischen Jeans und der Cardigan schälte, um in das neu erworbene Kleid zu schlüpfen. Heute würde sie es zum ersten Mal anziehen. Sie zupfte hier und zupfte da, bis sie das Gefühl hatte, dass es überall gut und vorteilhaft saß. Schnell noch etwas frischen Lidschattenpuder aufpinseln, dann die Lippen nachziehen - obwohl ihr Lippenstift *made in Tokyo*, ein Geschenk von Philipp, schier endlos zu haften schien. Und sie überlegte sich, ob Heidrun ebenfalls dieses Kleid tragen und in einem Jenseits-Spiegel ihr Aussehen überprüfen würde.

Endlich zeigte die Wohnzimmeruhr halb vier an. Zeit, sich auf den Weg zu machen. Nach Osterfeld fuhr Hanna wie im Autopilot-Modus, so erschien es ihr jedenfalls. Zum dritten Mal in Folge würde sie heute Heidrun treffen können! Und gleich würde sie bestimmt jenen Luftzug verspüren, auch wenn er gestern, als Heidrun sich verabschiedet hatte, ausgeblieben war. Ihre aufkeimenden Bedenken, das könne ein böses Omen sein und man werde ihre Schwester kein weiteres Mal ins Diesseits lassen, schob sie einfach beiseite.

Und dann kitzelte etwas in Hannas Nase.

Ein zarter Duft, der sich im Fahrzeugraum verbreitete, als wenn jemand einen Kristallflakon entstöpselt hätte. Sie hielt den Atem an, diese Duftkomposition aus Vanille und Kastanie kannte sie. Das war ihr aktuelles Lieblings-*Eau de Toilette*. Eine moderne Duftvariante aus dem Haus 4711, die mit dem spießigen Erfrischungswasser, das ihre Mutter zu benutzen pflegte, absolut nichts mehr gemeinsam hatte. Heute aber, in all der Aufregung, hatte Hanna vergessen, sich damit einzusprühen. Obwohl sie diesen Duft so sehr liebte!

Als sie sich erstmalig damit einnebelte – anders konnte man das wohl nicht bezeichnen - war eine Kollegin ins Lehrerzimmer gekommen und wollte sofort wissen, wer hier frisch gebackene Waffeln mitgebracht habe. So ein köstliches Vanille-Aroma! Und ausgerechnet heute, an diesem besonderen Tag, hatte Hanna den Duft vergessen. Aber Heidrun offensichtlich nicht. Woher ihre Schwester das *Eau de Toilette* wohl haben mochte? Ob es im Himmel ebenfalls Parfümerien gab? Wieder eine Frage, die Hanna an die andere Welt stellen würde. Auch wenn die Antwort im Grunde vollkommen nebensächlich war.

Und da spürte sie diesen unverkennbaren Windhauch, der ihren Körper streifte und das ebenso unverkennbare »*Hallo Schwesterherz! Hier bin ich!*« Niemand sonst redete sie so an und niemand sonst würde sie jemals wieder so anreden. Eine treue Seele war ihre Schwester, diese Metapher kam ihr jetzt in den Sinn. Oma Martha hatte sie verwendet, wenn sie liebevoll über ihre Urenkelin Emma sprach. Nach dem Unterricht war die Grundschülerin gelegentlich zu ihr ins Altenheim gegangen. Mit ein paar Blümchen, die sie vom Taschengeld gekauft hatte. Ja, »eine treue Seele« - das würde auch zu Heidrun passen. Im wahrsten Sinne des Wortes. Und Hanna musste unweigerlich lachen.

»*Darf ich mitlachen?*«

Klar durfte Heidrun das und sie bekam die ganze Story zu hören.

»*Ja, meine Nichte, die würde ich gerne mal kennenlernen …*«

Zuerst stutzte Hanna, aber nur zuerst. Richtig, Emma war ja die Nichte ihrer Schwester und Philipp ihr Neffe und Robert ihr Schwager. Warum hatte sie noch nie in diesen Verwandtschaftskategorien gedacht? Und plötzlich wusste sie, warum sie das Bild mit dem guten Hirten und dem verlorenen Schaf, das im Besitz ihrer Großeltern gewesen war, stets so sehnsuchtsvoll betrachtet hatte. Unbewusst musste sie sich gewünscht haben, wieder mit ihrer Schwester, von der sie damals kaum eine Ahnung hatte, vereint zu sein. Und was war jetzt? In Gedanken begann sie mit sich selbst zu schimpfen: Sei doch froh, Hanna, dass Heidrun überhaupt bei dir sein kann – und wolle nicht immer mehr, als du hast! *Ein Spatz in der Hand ist besser als eine Taube auf dem Dach.* Also ging sie nicht auf die Äußerung ihrer Schwester ein. Sie wusste einfach nicht, was sie dazu sagen sollte. Auch Heidrun schwieg. Vielleicht wusste sie es ebenfalls nicht.

»Nun, Schwesterherz, heute entscheidest du. Wo fahren wir denn hin? Ich bin schon ganz kribbelig!« Hanna schlug einen absichtlich burschikosen Ton an, denn die melancholische Stimmung, die sich auszubreiten drohte, behagte ihr überhaupt nicht. Und dann hörte sie die Stimme ihrer Schwester gewohnt heiter sagen: *»Ich will dir mal ein bisschen auf die Sprünge helfen! Wen vermisst du seit einiger Zeit besonders? Komm schon, überleg doch mal …«*

Dich, hätte Hanna am liebsten gesagt, was aber im Moment nicht passen würde, schließlich war Heidrun ja bei ihr. Mama und Papa - das würde zwar passen, aber wohl nicht funktionieren. Wen in aller Welt konnte Heidrun bloß meinen? Doch dann fiel es ihr wie Schuppen von den Augen. Oder wie seidige Katzenhaare, die sich zuhause noch überall finden ließen. Amy! »Wir werden in ein Tierheim fahren, stimmt's? Weil du mir eine neue Katze schenken willst …«

»Und - freust du dich?« Heidrun klang auf einmal verhalten. Wie jemand, der unsicher geworden war, ob ein Geschenk, bei dem man hin und her überlegt hatte, wirklich auf die erhoffte Resonanz stoßen würde. Und da tat sie Hanna unendlich leid. Gerne würde sie ihre Schwester jetzt spontan in den Arm nehmen. Ins Tierheim, eine neue Katze adoptieren - was für eine wunderschöne Idee das war!

»Ach Heidrun, das ist so lieb von dir!« Doch im Vergleich zu dem, was Hanna auf der Zunge lag, waren das Plattitüden. »Fühl dich ganz,

ganz fest von mir gedrückt!« Noch hatte sie den Motor nicht gestartet und beugte sich unwillkürlich in Richtung Beifahrersitz. Als wenn sie ihrer Schwester um den Hals fallen wollte. War da nicht diesmal wahrhaftig ein weicher Widerstand gewesen? »*Hanna*«, Heidruns Stimme klang rau vor Rührung, »*lass uns in das Tierheim fahren, wo du Amy herhast. Das ist doch nicht so ganz weit, oder? Und auf dem Weg dorthin werde ich dir … etwas … erzählen.*«

Sie nahmen dieselbe Strecke wie am Tag zuvor, doch am Rhein-Herne-Kanal fuhren sie auf die Autobahn, von hier würde es direkt nach Essen gehen. Nur einen Katzensprung weit. Wie hervorragend dieses Wort heute passte! Als Heidrun noch immer nichts sagte, wurde Hanna unruhig. Vielleicht sollte sie einfach anfangen und von ihrem Referendariat erzählen. In den zwei Jahren als Lehramtsanwärterin war sie jeden Tag genau diese Strecke gefahren. Denn ihr Seminar und ihre Schule, an der sie Robert kennengelernt hatte, lagen nicht weit vom Tierheim entfernt. Eine Katze hätte ihr schon damals gefallen, doch in ihrer Wohnung war dafür kein Platz.

Da sprach Heidrun in Hannas Erinnerungen hinein, bedachtsam, als hätte sie sich jedes Wort zurechtgelegt. »*Schau mal, Hanna, ich habe doch mitbekommen, wie sehr ihr alle Amy vermisst. Besonders aber du. Sie war nicht nur eine treue Gefährtin für dich, sie war auch so eine Art … wie soll ich das nur ausdrücken …*« Während ihre Schwester nach Worten zu suchen schien, fiel Hanna jener Morgen ein. Wie Amy die ganze Zeit auf den Computerbildschirm gestarrt hatte, bevor …

»… *du die Nachricht bekommen hast, dass der Gedenkstein geliefert war*«, führte Heidrun den Satz fort, als wenn sie Gedanken lesen könnte. Oder als wenn sie damals mit im Zimmer gewesen wäre. Vielleicht war sie das ja auch, dachte Hanna. Und als sie die nachfolgenden Worte hörte, wusste sie, dass sie dieses irgendwie schon immer gewusst hatte.

»Sind dir nicht Amys Augen wie ein Fenster vorgekommen, durch das du in eine andere Welt sehen konntest? Ja, Schwesterherz, das hat auch seinen Grund. Katzen sind nämlich Vermittlerinnen zwischen unseren Welten.«

Auf einmal war es still im Auto, selbst der Fahrtlärm der anderen Wagen, die pausenlos an ihnen vorbeirasten, ebbte ab. Ja, so muss es gewesen sein, dachte Hanna, mit Amys Hilfe hatte sie Kontakt zum Jenseits bekommen können. Sie räusperte sich und wollte gerade etwas sagen, als ihre Schwester weitersprach. Auch das, was Heidrun nun sagen würde, hatte Hanna geahnt. Seitdem sie wusste, dass es heute zum Tierheim gehen würde.

»Wenn ich nicht bei dir bin, sollst du jemanden in deiner Nähe haben, der die Verbindung … zu mir aufrecht hält. Vielleicht habe ich ja … einen besonderen Blick für … Katzen mit außergewöhnlichen Fähigkeiten.« Heidruns Stimme bebte. Wie gut, dass sie am Tierheim angekommen waren! Weil sich Hanna nun zum Beifahrersitz hinüberbeugte und ihren Kopf an die Kopfstütze legte. Aber sie glaubte nur das von der Sonne gewärmte Polster zu fühlen. Oder sollte da noch mehr gewesen sein?

Ob sie Katzenerfahrung habe, wurde sie bei der Anmeldung gefragt. Ja, antwortete Hanna, sie habe hier ihre Amy vermittelt bekommen. Flink huschten die Finger der Tierheimmitarbeiterin über die Tastatur des Computers. Genau, da stehe sie ja noch im System. Und Amy habe eingeschläfert werden müssen? Sie könne nachvollziehen, dass man nach einer Trauerzeit wieder Sehnsucht nach kätzischer Gesellschaft bekomme. Sie solle mal mit den Pflegerinnen in der Katzenabteilung sprechen. Während sich Hanna mit der Mitarbeiterin unterhielt, hatte ein Vierbeiner, der angeleint mit einem Mann im Thekenbereich wartete, Heidrun gewittert. »Aus, Joschi, aus! Was soll das? Hier ist doch niemand!« Der Berner Sennenhund wusste es anscheinend besser.

Er hatte ein Wesen wahrgenommen, das ihm nicht geheuer erschien, und wie alle Artgenossen in brenzligen Situationen legte er seine Ohren an und zog den Schwanz ein. Doch dann war der Schreckensmoment vorbei und er beruhigte sich. Das »Brav, Joschi« hörten Hanna und Heidrun kaum noch, sie waren bereits in Richtung Katzentrakt verschwunden. Wäre Joschi der Menschensprache mächtig gewesen, hätte er mit Sicherheit *very spooky* gesagt. Wie gut, dass dieses seltsame Wesen jetzt weg war, mochte er erleichtert denken.

Das Kätzchen dort drüben sei ein Neuzugang, erklärte die Pflegerin, als sie eine der vielen Türen in der labyrinthähnlichen Abteilung geöffnet hatte. Aus einer schlechten Haltung komme es, weswegen Renée noch überaus schüchtern sei. Sie würde die Frau Mar-re mal mit der Kleinen allein lassen, da könne sie schauen, ob der Funke zwischen ihnen beiden überspringen würde. Zwischen ihnen *dreien*, verbesserte Hanna leise das falsche Pronomen. Mal wieder.

Die kleine getigerte Katze, die in einer Hängematte vor sich hingedöst hatte, war mit einem Schlag wach und guckte sich aufmerksam die Besucherinnen an, die sie ihrerseits musterten. Mit der eigentümlichen Aura, die eine von ihnen ausstrahlte, hatte Renée kein Problem. Denn sie spürte genau, dass die Zwei ihr wohlgesonnen waren. Und so rollte sie sich wieder zusammen, schnurrte behaglich und setzte in Ruhe ihr unterbrochenes Schläfchen fort. Alles würde gut werden.

»Die sieht ja aus wie meine Amy! Genauso ein schön gezeichnetes Fell und so ein hübsches Gesichtchen«, entfuhr es Hanna. »Renée. Was für einen ungewöhnlichen Namen sie hat!«

»Das ist ein ganz besonderer Name, den man dir gegeben hat«, hörte sie Heidrun der Katze zuflüstern. *»Weißt du, was dieser Name bedeutet? Renée, das ist lateinisch und heißt die Wiedergeborene.«*

In diesem Moment machte es in Hanna KLICK.

Das konnte kein Zufall sein! Und während sie das dachte, schaute Renée die Zwillingsschwestern an. Mit tellergroß scheinenden Augen in irisierendem Katzengrün, die tief und unergründlich schienen wie die Kristallkugeln einer Wahrsagerin.

Und wiederum wandte sich Heidrun an die Mieze und beugte sich zu ihr herunter: *»Renée, du bist die richtige Katze für meine Schwester ... und für mich. Das kann ich fühlen.«* Kein Fauchen war zu hören, auch buckelte sie nicht. Und mit einem entspannten Miau signalisierte sie, dass die Angelegenheit für sie entschieden war. Warum brauchten Menschen oft so lange, bis sie wussten, was sie eigentlich wollten?

Hanna war wie geplättet. Es kam ihr vor, als wenn Heidrun und Renée gerade gemeinsame Sache gemacht hätten. Doch die beiden hatten mit Sicherheit eine weise Entscheidung getroffen. Und so nahm sie das warme Fellbündel vorsichtig in ihren Arm, was sich dieses widerspruchslos gefallen ließ. »Willkommen, kleine Renée in unserer Familie!« Mit diesen Worten strich sie ihrer neuen Katzenfreundin zärtlich übers Fell. Die Fahrt nach Essen war also nicht für die Katz gewesen. Oder doch - ganz wie man es nehmen würde.

An derselben Theke, an der sie zuvor gestanden hatten, erledigte Hanna die Formalitäten. Morgen würde sie Renée abholen kommen, sagte sie, da sie keine Transportbox dabei habe. *»Mist!«*, ärgerte sich Heidrun. *»Warum habe ich nicht daran gedacht, dass wir ein Katzenkörbchen brauchen?«* »Ach, das ist ja nicht weiter schlimm, dann fahren wir morgen nochmal hierhin«, warf Hanna wie selbstverständlich ein, »du kommst doch wieder mit - oder?« Schließlich waren sie gestern und vorgestern zusammen gewesen. Doch als sie diese Worte aussprach, wurde ihr zum ersten Mal klar, dass die Antwort auch anders ausfallen könnte. Und dass Heidruns Besuche im Diesseits nicht immer so weitergehen würden. Die Erkenntnis traf sie wie ein Keulenschlag. Nein, nein, darüber wollte sie jetzt nicht nachdenken! Wenn es nach ihr ginge, könnte es ewig so weitergehen.

»Heidrun … darf ich dich mal was fragen?«

Bitte, Hanna, frage nicht, ob ich dich morgen begleiten kann, dachte Heidrun. Ich bin doch so froh, dass ich an den drei Tagen die Möglichkeit bekommen habe, dich zu besuchen. Und dann atmete Heidrun auf, denn es war etwas anderes, das ihre Schwester wissen wollte. Was aber nicht weniger einfach zu beantworten war. »Meine Amy – ist sie bei dir?«

Wie verzagt sich Hanna anhörte. »Du hast dich einmal fast verplappert, als du *nied---* gesagt hast und wahrscheinlich *niedlich* sagen wolltest. Dass Amy wirklich *niedlich* ist, kannst du eigentlich nur wissen, wenn sie bei dir lebt. Und - habe ich Recht?«

Jetzt grinste Heidrun vor sich hin. Weil der Ausdruck für das, was sie zu tun gedachte, genauso passend wie unpassend war. Ja, sie würde über ihren eigenen Schatten springen und erzählen, was sie nicht erzählen durfte. Was sollte schon passieren? Ihre Zeit auf der Erde war sowieso fast vorbei. Na gut, man könnte ihr den Briefkontakt streichen, aber im Augenblick zählte nur das Zittern, das sie in Hannas Stimme vernommen hatte. Ihr Wunsch nach Wissen, den Heidrun so gerne erfüllen wollte. »Weißt du, Hanna, wir sind im Himmel in Gesellschaft aller Tiere, die auf der Erde unser Leben geteilt haben. Und weil wir einäugige Zwillingsschwestern sind, ist Amy zu mir gekommen.«

Da fiel Hanna ein Stein vom Herzen.

»Und - kann sie wieder laufen und springen?«

»Bei uns sind alle gesund. Keiner hat Schmerzen oder andere Beschwerden. Das gilt für Tiere wie auch für Menschen.« Als wenn sie aus einem Lehrbuch über das Jenseits dozieren würde, so klangen Heidruns Worte und

Hanna ahnte, wie viel Überwindung es ihre Schwester gekostet haben mochte, dies preiszugeben. Ob sich ihre Infos mit dem Tabu-Finger vereinbaren ließen? Einerseits fühlte sie sich versucht, noch mehr Fragen zu stellen. Nach Mama und nach Papa und nach ihren Großeltern – ob Heidrun zu ihnen Kontakt habe. Aber würde sie ihre Schwester dadurch nicht in eine prekäre Situation bringen? Also besser den Mund halten, dachte sie. Auch wenn es so wichtig gewesen wäre.

Doch Heidrun schien noch nicht fertig zu sein.

»Schwesterherz … da ist noch was anderes. Heute … bin ich zum letzten Mal bei dir …. Man hat mir nur drei Besuche … bewilligt. Und das war schon die absolute Ausnahme, normalerweise dürfen wir gar nicht zu unseren Familien ins Diesseits kommen.« Da war es ausgesprochen. Das, was Hanna befürchtet und bis gerade eben verdrängt hatte. Und als ob es gestern gewesen wäre, erinnerte sie sich plötzlich an die Zeit, als ihre Mutter im Krankenhaus gelegen hatte. Diese täglichen Besuchsstunden hatten ihr, der Heranwachsenden, Halt und ihrem Leben Struktur gegeben. Nie hatte sie sich gefragt, warum ihre Mutter, nach so vielen Monaten in ärztlicher Behandlung, nicht gesund würde. Das Offensichtliche, den nahen Tod, hatte sie sich nicht eingestehen wollen.

»D r e i Besuche nur?«

Hanna fühlte, wie sie ins Bodenlose fiel. Tief, tiefer, am tiefsten. Sollte es etwa keinen vierten Besuch mehr geben? Kein weiteres Date mit ihrer Zwillingsschwester? Und jetzt war sie es, die herumdruckste. »Soll das heißen, dass du morgen und auch später nicht mehr kommen wirst?« - *»Ja.«* Mehr sagte die Angesprochene nicht, doch Hanna merkte, dass es Heidrun genauso weh tun musste wie ihr selbst. Wie gequält, wie leidvoll diese beiden Buchstaben klangen. »Aber, Schwesterherz, du musst doch sicherlich noch nicht sofort … nicht jetzt sofort … gehen.

Bitte bleib noch ein bisschen! Wir könnten über einen Umweg zurückfahren und zusammen am … Friedhof vorbeischauen. Bestimmt willst du doch unseren Eltern tschüss sagen.«

Es war Hannas Verzweiflung geschuldet, dass sie nicht merkte, was sie gerade für einen Quatsch geredet hatte. Sich von Mama und Papa zu verabschieden – warum sollte Heidrun das tun? Schließlich waren sie alle zusammen im Jenseits. Doch Hanna wollte um jeden Preis den Abschied hinauszögern und wenn es nur für wenige Minuten sein sollte. Die Zeit mit ihrer Zwillingsschwester würde unwiederbringlich sein. Ob Heidrun der Unsinn dieses Vorschlages aufgefallen war? Doch sie ließ sich nichts anmerken. Ganz im Gegenteil.

»Ja, Hanna, das machen wir so!
Und sicherlich kann ich auch vom Friedhof aus … zurück.«

Vor dem Grab blieb Hanna stehen und Heidrun tat es wohl auch. *»Wie schön gepflegt das aussieht! Und der Gedenkstein für mich, das war eine prima Idee! Du glaubst gar nicht, wie sehr ich mich darüber gefreut habe! Nicht alle bei uns haben noch ein Zuhause auf der Erde …«*

Während sie dort standen, spürte Hanna etwas Warmes, Festes in ihrer Hand. Und sie war unglaublich traurig, weil sie ihre Schwester gleich würde hergeben müssen. Wer suchet, der findet, sagte sie sich – und kann seinen Fund dennoch nicht immer behalten.

Heidrun schien Hannas Stimmung zu spüren. *»Schwesterherz, diese drei Tage werde ich mitnehmen in die Ewigkeit.«* Es hörte sich an, als ob sie die aufkommenden Abschiedsgefühle überspielen wollte.

»Hmm … hmm … macht nicht der Friedhof bald zu? Schließlich sind wir schon in der dunklen Jahreszeit, du solltest dich beeilen. Sonst wirst du womöglich noch über Nacht eingesperrt und müsstest dann über den Zaun

klettern. Richtig spooky wäre das! So nennst du das doch immer …« Und dann versuchte sie, Hannas Traurigkeit einfach wegzulachen.

»Denk dran, wir beide bleiben in Kontakt – wo du doch jetzt Renée hast!«

Ein Windstoß fuhr über das Grab. Nicht sanft wie bislang, sondern kräftig. Irgendwie endgültig und doch wieder nicht. Hanna erschien es noch immer unwirklich, dass ihre Schwester, die so hieß, wie sie selbst hätte heißen sollen und deren Geburtstag gleichzeitig ihr Todestag war, sie aus dem Jenseits besucht hatte. Und dass durch Heidruns Vermittlung Renée, deren Name Programm war, für sie beide ein Medium sein würde. Mit einem Mal war Hanna fest davon überzeugt, dass die Geschichte mit ihrer Zwillingsschwester nicht zu Ende war. Und als sie das Wort *einäugig* vor sich hinsprach, verdrängte ein Lächeln ihren Schmerz – jedenfalls für den Moment. Auch wenn es ein schiefes Lächeln war. Und wie in Trance ging Hanna zum Friedhofsparkplatz zurück.

Im Auto machte sie ihr Handy an, um auf der Rückfahrt Philipps Klavierstücke zu hören. Die Titelfolge stellte sie auf Zufallsgenerator ein. Manchmal, aber wirklich nur manchmal, liebte sie es, sich überraschen zu lassen. Und eine berückend schöne Melodie mit Geigenklängen im Hintergrund ertönte. Was so ein e-Piano alles vermag, dachte sie. Dass Philipp dieses Stück selbst geschrieben und sogar bei einem Internet-Wettbewerb eingereicht hatte, wusste sie nicht. Dass es *Until you're back* hieß, wusste sie natürlich, doch sie hatte sich bisher keine Gedanken über den Titel gemacht. Sie musste ihren Sohn beim nächsten Skypen mal fragen, warum er seine Komposition so benannt hatte.

Until you're back. Ja, Hanna wollte geduldig sein.
Vielleicht würde es irgendwann doch ein viertes Mal geben.
Und da wäre ja noch Renée …

Epilog

Ein Schultag, der stressiger gewesen war als sonst.

Ob es am Vollmond gelegen hatte, dass Hannas Unterricht heute aus dem Ruder gelaufen war? Selbst die verlässlichsten Schüler, auf die man in nahezu jeder Unterrichtsstunde bauen konnte, hatten sie durch latente Unruhe permanent genervt. Oder ob Heidrun der Grund gewesen war, dass sich Hanna nicht so recht hatte konzentrieren können? Weil sie sich ständig vorzustellen versuchte, was ihre Schwester jetzt gerade dort oben machen und denken würde.

Und wann immer sie ihr Spiegelbild erblickte, glaubte sie, Heidrun vor sich zu sehen. Im Badezimmerspiegel, im Spiegel der Damentoilette in der Schule, in den unzerbrechlichen Spiegeln der Klassenräume - und jetzt wieder zuhause im Esszimmerspiegel. Seitdem sie ihre Schwester mit dem einzelnen Perlenohrring dort gesehen hatte, legte sie Tag für Tag diese Ohrhänger an, um sich *Heidrun alias Hanna* nahe zu fühlen. Dass ihrer beider Namen nach der Geburt vertauscht worden waren, darüber dachte *Hanna alias Heidrun* kaum mehr nach.

Wie an jedem Nachmittag saß Hanna auch heute am Esszimmertisch und schrieb in ihr Tagebuch. Von den kleinen Jahreskalendern, in die nur viel zu wenige Erinnerungen hineinpassten, hatte sie sich längst verabschiedet. An deren Stelle war eine großformatige Kladde getreten, die in einem baumwollenen Umschlag mit Katzen-Print steckte - das Geburtstagsgeschenk einer besonders netten Kollegin.

Und in dieses Tagebuch schrieb Hanna nicht nur, sie klebte auch Fotos und sonstige Erinnerungsstücke hinein, was man auf Neudeutsch *Scrapbooking* nannte. Minutiös wollte sie den Ablauf jener drei Tage festhalten und nicht nur in ihrem Gedächtnis speichern. *Wer schreibt, der bleibt*. Und der, über den man schreibt, würde ebenfalls bleiben.

Inzwischen war sie bei der Schilderung ihrer Kleideranprobe angelangt. Und das vom Kaufhausspiegel abfotografierte Bild, das sie in ihrem neuen Kleid zeigte, lag ausgedruckt vor ihr. Bei Weitem keine Profi-Qualität, die gab ihr älteres Druckermodell nicht her. Aber *besser als in die Bux geka..t*, hätte ihr Vater dazu gesagt, dessen gelegentliche Vorliebe für wenig salonfähige Ausdrücke sie gut im Gedächtnis hatte. Manche waren innerhalb der Familie zu geflügelten Worten geworden, besonders bei Robert und Emma.

Als Hanna weiterschreiben wollte, spürte sie ein weiches Köpfchen, das sich an ihrem Ellbogen rieb. Und ein feuchtes Näschen, das sie anstupste. Renée war lautlos, wie aus dem Nichts, auf der Tischplatte gelandet und schien ihre neue Besitzerin auf etwas aufmerksam machen zu wollen. »Ist ja gut, kleine Renée – was hast du denn?«

Zum ersten Mal schaute sich Hanna das ausgedruckte Foto genauer an. Und während ihre Augen über das Papier glitten, spielten ihre Finger gedankenverloren mit den Perlenohrhängern. Irgendwas stimmte hier nicht, auf irgendwas hatte ihre Katze sie im wahrsten Sinne des Wortes stoßen wollen. Aber was? Sie schaute nochmals hin. Und weil sie es nicht glauben konnte, schaute sie ein weiteres Mal. Konnte das wirklich sein? Auf dem Ausdruck war sie nur mit einem einzelnen Ohrring zu sehen! Obwohl sie Gift darauf hätte nehmen können, dass sie, nach der allmorgendlichen Schminkprozedur, beide angelegt hatte. Doch auf dem Bild trug sie nur einen einzigen Perlenohrhänger - so wie es bei Heidrun im Spiegel gewesen war.

In diesem Moment fiel bei Hanna der Groschen. Mit einem Mal wusste sie, wen sie auf dem Bild vor sich hatte. Heidrun! Es musste Heidrun sein!!! Rasch griff sie zu ihrer Lesebrille und setzte sie auf.

Vertrauen in die eigene Sehfähigkeit zu haben, war gut - Kontrolle war besser. Und wieder scannten ihre Augen das Bild. Sahen sie, die aus einer einzigen Eizelle entstandenen Zwillingsschwestern, sich tatsächlich absolut ähnlich? Angestrengt blickte sie auf das Foto und danach auf ihr Spiegelbild. Und suchte nach einer Antwort. Selbst wenn man ihr Prügel androhen würde, sie hätte es nicht mit Sicherheit sagen können, ob es minimale Unterschiede zwischen ihnen beiden gab oder nicht. Vielleicht eine Falte im Gesicht mehr oder eine graue Haarsträhne weniger? Aber was spielte das für eine Rolle?

Und es war ihr ebenso schnurzpiepegal, wie dieser geheimnisvolle Schnappschuss zustande gekommen war. Die Hauptsache war, dass sie eine Aufnahme von Heidrun besaß. Von ihrem *Alter Ego*, nach dem sie sich im Unterbewusstsein immer gesehnt hatte. Eine Rarität, die nicht mit Geld zu bezahlen war. Und diesmal lagen Hannas Tempotücher in Reichweite. Trotz ihrer Tränen musste sie lächeln, weil ihr Erich Kästners Kinderbuch »Das doppelte Lottchen« in den Sinn kam. Dieses herrliche Verwirrspiel um *einäugige* Zwillingsschwestern hatte sie als Kind förmlich verschlungen. Und jetzt wusste sie auch warum.

Innerlich noch zutiefst aufgewühlt, beschloss Hanna, morgen mit ihrem Handy ins Fotofachgeschäft zu gehen und von der Datei mehrere professionelle Hochglanzabzüge in Auftrag zu geben. Einer davon käme ins Esszimmer, dann wäre die Fotowand gegenüber dem Klavier endlich komplett. Alle hingen sie hier, in dunklen Holzrahmen auf weißer Wand – ihr Mann und sie, ihre Kinder, ihre Enkelkinder, ihre Eltern, ihre Großeltern und ihre Urgroßeltern.

Nur ihre Schwester nicht.

Noch nicht.

Und Hanna spürte, dass der tägliche Anblick Heidruns sie von jetzt an zuversichtlicher durchs Leben gehen lassen würde. Was waren die Worte der Hebamme damals gewesen, als sich Mama solche Sorgen um sie gemacht hatte? »Die kleine Hanna ist zäh.«

Alles würde gut werden. Auch jetzt.

Renée, die das Geschehen mit ihren großen katzengrünen Augen verfolgt hatte, räkelte sich zufrieden auf dem Esstisch. Ohne mich hättest du dieses Detail niemals entdeckt, würde sie, nicht gänzlich ohne Stolz, gesagt haben. Ohne mich wäre das nur ein ganz normales Foto für dich gewesen. Mit einem energischen *Miau* forderte sie ihre Anerkennung ein und bekam sie postwendend. Streicheleinheiten und eine ordentliche Portion ihrer geliebten Leckerlis, von denen es in der Werbung hieß, dass sich Katzen so etwas kaufen würden.

»Gut gemacht, kleine Renée!
Was für eine feine Mieze du bist!«

Einen Moment lang schien die Vierbeinerin verwirrt. Welche ihrer beiden Menschenfreundinnen, die den gleichen Geruch verströmten und die gleich aussahen, hatte sie gerade dermaßen gelobt? Und dann wusste sie es. Mit einem eleganten Satz sprang sie vom Tisch herunter und stolzierte hoch erhobenen Hauptes, wie es ihrer Rasse nun mal eigen ist, ins Wohnzimmer. Für den heutigen Tag hatte sie genug geleistet. Morgen würde sie auf weitere Signale warten. Auf Zeichen aus einer anderen Welt, mit der sie sich irgendwie verbunden fühlte. Sie gähnte und kuschelte sich in ihre Lieblingssofaecke.

A very fine cat indeed.

Nachbemerkungen und Nachweise

In einem Buch, das ich einmal gelesen habe, bin ich auf eine Textstelle gestoßen, bei der ich nur nicken konnte: »... man schreibt einen Roman, weil man sonst platzen würde. Oder so. Weil es raus muss. Und wenn es dann draußen ist, dann ist es gut.«[2] So ähnlich ist es auch mir ergangen, als ich vor einigen Jahren begonnen habe, in die Geschichte meiner Familie einzutauchen. Wie eine Chronistin wollte ich alles für die Nachwelt festhalten. Es war das Leben meiner Zwillingsschwester Heidrun, das mich nicht mehr losgelassen hat.

Seitdem habe ich mich gefragt, welche Auswirkungen die Monate des vorgeburtlichen Zusammenseins auf mein Leben gehabt haben könnten. Denn eine Beziehung, die *ab ovo* beginnt, ist absolut einzigartig - wie mit einem unsichtbaren Faden verknüpft. Dieser Einheit, auch wenn sie in unserem Fall nur sehr kurz war, wohnt eine gewisse Magie inne, von der auch ich mich nicht mehr lösen konnte.

Und eine neue Frage nahm in mir Gestalt an. Was wäre, wenn ich heute die Gelegenheit bekäme, mit meiner Zwillingsschwester Kontakt aufzunehmen? Ein Ausgangspunkt für spannende und faszinierende Gedankenspiele war das, auch wenn mich die Spurensuche oft psychisch an meine Grenzen gebracht hat. Und ich habe gemerkt, dass dieser autobiografisch grundierte Roman einfach »raus« musste. Weil ich sonst ebenfalls »geplatzt« wäre. Siehe oben.

---

[2] Karsten Flohr: *Leah. Eine Liebe in Hamburg*, München 2012, S.73

Nun haben Ereignisse, die ich niemals im Leben für möglich gehalten hätte, zu einer Neuauflage meines Buches geführt. Denn nach jahrzehntelanger Ehe ist mein Mann innerhalb kürzester Zeit, für uns alle völlig überraschend, verstorben. Dies habe ich zum Anlass genommen, die bisherige Fassung meines autobiografischen Romans zu überarbeiten. Eine Fortsetzung soll demnächst folgen.

~~~

Auch zu Beginn dieser neuen Auflage möchte ich nicht vergessen, mich von Herzen zu bedanken. Vor allem bei meiner wunderbaren Lektorin Gesina Stärz, die alle meine Ideen, ob diffus oder konkret, in die richtigen Bahnen zu lenken vermochte und stets ein offenes Ohr für mich hatte. Mit Rat und Tat sowie mit großer Geduld hat sie mir bei meinem Roman geholfen. Danke, liebe Frau Stärz!

Entscheidende Impulse für das ungewöhnliche dramaturgische Konzept meines Buches verdanke ich Joachim Küppers, Diplom-Psychologe in Krefeld. Auch meine Vorstellung von einem Leben nach dem Tod konnte ich mit ihm besprechen. Danke, Herr Küppers!

Dr. med. Eckhard Schult, ehemaliger niedergelassener Gynäkologe in Dinslaken, hat für mich *Dr. House* gespielt und Heidruns Tod analysiert. Und das alles ohne Honorar und zu einem Zeitpunkt, als er schon längst im Wochenende hätte sein sollen. Danke, Herr Dr. Schult!

~~~

In besonderem Maße möchte ich mich bei meiner Familie bedanken: bei meinem Mann Norbert sowie meinen Kindern, die mich auf unermüdliche und unschätzbare Weise unterstützt haben.

An erster Stelle steht da natürlich Norbert.
Wie sehr ich es bei der Neuauflage vermisst habe, dass er mich nicht mehr mit Änderungsvorschlägen traktieren konnte. Was, er habe noch

eine Idee? Ob das wohl sein müsse, habe ich oft gefragt. Wie gerne würde ich jetzt jeglichen Vorschlag annehmen! Alles, was er einbrachte, war gut durchdacht. Und so wichtig. Denn jeder, der Texte schreibt, kennt diese Situation sicherlich: Irgendwann wird man betriebsblind und sieht keine Fehler mehr. Auf Norbert konnte ich mich nicht nur in dieser Hinsicht blind verlassen. Dass er nun im Jenseits weiterlebt, ist nach wie vor unfassbar für mich.

Auch die Vorschläge unserer Tochter, hinsichtlich der Handlungsführung, waren Gold wert. Und als ebenfalls unverzichtbar erwiesen sich die Klavierstücke unseres Sohnes, die mich beim Schreiben inspiriert und für manche meiner Überschriften Pate gestanden haben. Bei meinem schriftstellerischen Debüt haben mir Norbert, Vicky und Jonas sehr geholfen. Jeder auf seine Weise.

Ein spezielles Dankeschön gilt Werner Zehner. Denn mein Onkel ist der letzte lebende Zeitzeuge aus meinen Kindertagen. Nur er, der mittlerweile seinem 89. Geburtstag entgegensieht, weiß noch aus eigener Anschauung, wie alles damals gewesen ist. Auch bei Tante Luise, die wertvolles Wissen über meine Zwillingsschwester geliefert hat, möchte ich mich herzlich bedanken. Leider muss ich die Grüße an meine Lieblingstante ebenfalls in die geistige Welt schicken.

~~~

Für diejenigen meiner Leser*innen, die sich selbst ein Bild von der Thematik des Buches machen wollen, seien hier diejenigen Werke und Texte aufgeführt, auf die ich mich bezogen habe.

S.9	www.aphorismen.de/zitat/43208
S.18	https://ollerhansenshop.de/Maulwurfwiese-Nr-1
~~~

S.24	https://www.welt.de/wissenschaft/article1938328/Die-Seele-existiert-auch-nach-dem-Tod.html
S.36f.	Gustav Schwab: *Rasch tritt der Tod den Menschen a*n. In: *Volksschullesebuch* (mit besonderer Rücksicht auf die Provinz Sachsen), hg. von F. Scharlach und L. Haupt, Halle 1874 (Dritte Auflage), S.418
S.38	https://www.stuttgarter-nachrichten.de/inhalt.wenn-oscar-schmust-kommt-der-tod.280c60fa-a31c-4699-a698-747e8435c011.html
S.44	Verny, Dr. med. Thomas / John Kelly: *Das Seelenleben des Ungeborenen*, München 1981
S.57	https://mein.astrocenter.de/astrologie/artikel/bedeutung-rabe; https://gedichte.xbib.de/Hey_gedicht_Rabe.htm
S.84	Bönte, Michael: *Das Licht der toten Kinder.* In: leben! Katholisches Magazin für Lebensfreude, hg. von Generalvikar Dr. Klaus Winterkamp, Münster Herbst 2020, S.22 f.
S.114	https://musikguru.de/bill-ramsey/songtext-souvenirs-7870.html
S.115	https://www.osterfelder.de/pdf/schichtwechsel_jakob-plum.pdf
S.150	Johnson, Samuel. Zitiert nach: *Legendäre Katzen und ihre Menschen,* hg. von Andreas Schliepke und Heike Reinecke, München 2019 (1. Auflage), S.153

Darüber hinaus sind die folgenden Werke und Texte für mich sehr hilfreich gewesen.

25 Fakten über Zwillinge (https://einerschreitimmer.com/zehn-fakten-uber-zwillinge-die-du-noch-nicht-wusstest/)

Dialog von Zwillingen in der Gebärmutter (https://robert-betz.com/mediathek/inspirationen/dialog-von-zwillingen-in-der-gebaermutter/)

Seelenverwandt geboren: Niemand ist so stark verbunden wie eineiige Zwillinge (https://ze.tt/seelenverwandt-geboren-niemand-ist-so-stark-verbunden-wie-eineiige-zwillinge/)

Schlochow, Barbara: *Der verlorene Zwilling – vom Traum zur Ressource.* (http://mattes.de/buecher/praenatale_psychologie/978-3-86809-074-1_schlochow.pdf)

Stead, Estelle: *Die blaue Insel. Ein Blick in das Leben im Jenseits.* Artha-Verlag (Oy-Mittelberg) 1994

Thurmann, Ilka-Maria / Fischer, Uta: *Am Anfang waren wir zu zweit. Ein Buch für verlassene Zwillingskinder*, Frankfurt am Main 2020

Dr. Jutta Meise

Dinslaken, im September 2023